Hakim Harrach

Risiko-Assessments für Datenqualität

D1721349

VIEWEG+TEUBNER RESEARCH

Ausgezeichnete Arbeiten zur Informationsqualität

Herausgeber:

Dr. Marcus Gebauer, Rüdiger Giebichenstein

Bewertungskommission des
Information Quality Best Master Degree Award 2009:

Prof. Dr. Holger Hinrichs, FH Lübeck (Kommissionsvorsitz)
Dr. Marcus Gebauer, Hannover Re AG und Vorsitzender der DGIQ
Prof. Dr. Knut Hildebrand, HS Darmstadt
Bernhard Kurpicz, OrgaTech GmbH
Prof. Dr. Jens Lüssem, FH Kiel
Michael Mielke, Deutsche Bahn AG und Präsident der DGIQ
Prof. Dr. Felix Naumann, HPI, Uni Potsdam
Prof. Dr. Ines Rossak, FH Erfurt

Die Deutsche Gesellschaft für Informations- und Datenqualität e.V. (DGIQ) fördert und unterstützt alle Aktivitäten zur Verbesserung der Informationsqualität in Gesellschaft, Wirtschaft, Wissenschaft und Verwaltung. Zu diesem Zweck befasst sie sich mit den Voraussetzungen und Folgen der Daten- und Informationsqualität. Sie fördert zudem durch Innovation und Ausbildung die Wettbewerbsfähigkeit der Unternehmen sowie die des unternehmerischen und akademischen Nachwuchses in Deutschland.

Die vorliegende Schriftenreihe präsentiert ausgezeichnete studentische Abschlussarbeiten in der Daten- und Informationsqualität. Veröffentlicht werden hierin die Siegerarbeiten des jährlich stattfindenden „Information Quality Best Master Degree Award".

Hakim Harrach

Risiko-Assessments für Datenqualität

Konzept und Realisierung

Mit einem Geleitwort von Prof. Dr. Jens Lüssem

VIEWEG+TEUBNER RESEARCH

Bibliografische Information der Deutschen Nationalbibliothek
Die Deutsche Nationalbibliothek verzeichnet diese Publikation in der
Deutschen Nationalbibliografie; detaillierte bibliografische Daten sind im Internet über
<http://dnb.d-nb.de> abrufbar.

1. Auflage 2010

Alle Rechte vorbehalten
© Vieweg+Teubner Verlag | Springer Fachmedien Wiesbaden GmbH 2010

Lektorat: Ute Wrasmann | Anita Wilke

Vieweg+Teubner Verlag ist eine Marke von Springer Fachmedien.
Springer Fachmedien ist Teil der Fachverlagsgruppe Springer Science+Business Media.
www.viewegteubner.de

Umschlaggestaltung: KünkelLopka Medienentwicklung, Heidelberg
Druck und buchbinderische Verarbeitung: STRAUSS GMBH, Mörlenbach
Gedruckt auf säurefreiem und chlorfrei gebleichtem Papier.
Printed in Germany

ISBN 978-3-8348-1344-2

Geleitwort

Hakim Harrach thematisiert in dem vorliegenden Buch die Nahtstelle zwischen Datenqualitätsmanagement und Risikomanagement – eine Datenstelle, die gerade in Zeiten knapper werdender Ressourcen stärker in den Fokus rücken wird.

Die Arbeit von Hakim Harrach liefert einen Überblick in die Gebiete des Datenqualitäts- und des Risikomanagements, um dann aufbauend Verbindungen zwischen diesen bislang häufig getrennt voneinander bearbeiteten Themen zu ziehen.

Es werden damit wesentliche Impulse für Risikomanager geliefert, die Risiken, die aus mangelhafter Datenqualität entstehen, in ihr Risikomanagementsystem integrieren wollen und müssen. Das Buch liefert aber auch Impulse für Datenmanager bzw. Datenqualitätsmanager, die nicht nur abschätzen wollen, welche Auswirkungen mit einer mangelhaften Datenqualität einhergehen, sondern auch aktiv entsprechende Risiken steuern wollen.

In der Arbeit wird ein standardisiertes Vorgehen für ein Risiko-Assessment mit Fokus auf Datenqualität vorgestellt, das in ein einfach anwendbares IQ-Assessment-Tool mündet.

Hakim Harrach stößt damit die Tür weit auf zu einer stärker risikoorientierten Betrachtung des Themas Datenqualität und leistet damit einen hervorragenden Beitrag zur Arbeit der Deutschen Gesellschaft für Informations- und Datenqualität e.V.

Prof. Dr. Jens Lüssem

Vorwort

Die Erstellung der Arbeit haben zahlreiche Personen ermöglicht und unterstützt, bei denen ich mich herzlich bedanke. Dabei gilt mein besonderer Dank an dieser Stelle Herrn Prof. Dr. Jens Lüssem, Institut für Informatik III der Universität Bonn, der die Arbeit von der Themenfindung bis zur Veröffentlichung betreute und mir die entsprechenden Möglichkeiten in einer Bank bot.

Bedanken möchte ich mich ebenfalls bei meinem Kommilitonen Pierre Schmitz, der mir mit seiner Zeit, den konstruktiven Diskussionen und Vorschlägen mit vollster Hilfsbereitschaft bei der Erstellung der vorliegenden Arbeit zur Seite stand.

Im Rahmen dieser Arbeit wurden zahlreiche Interviews mit Mitarbeitern einer Bank durchgeführt. Bei meinen zahlreichen Interviewpartnern möchte ich mich für das Interesse und die aufrichtige Beantwortung meiner nicht immer unkritischen Fragen bedanken.

Nicht zuletzt möchte ich mich bei meinen Eltern und Freunden für die entgegengebrachte Geduld und Unterstützung bedanken.

Hakim Harrach

Zusammenfassung

Die vorliegende Untersuchung diskutiert die Kohärenz zwischen Datenqualitäts-management und Risikomanagement unter dem Aspekt, ein Konzept zur Realsierung eines standardisierten Risiko-Assessments für Datenqualität zu entwickeln.

Ziel der Arbeit war es, ein Konzept für die Realisierung von automatisierten Risiko-Assessments zu erarbeiten und dessen Umsetzung anhand der Implementierung eines entwickelten Prototyps namens IQ-Assessment Tool in einer Bank zu dokumentieren.

Die Arbeit wird in vier Teile gegliedert. Im ersten Teil werden definitorische Grundlagen über Daten, Wissen, Information, Qualität, Datenqualität, Qualitäts-management, Datenqualitätsmanagement, Metadaten und Metadaten-Management vorgestellt. Weiterhin werden grundsätzliche Konzepte über das Risikomanagement in der IT sowie das Datenqualitätsmanagement beschrieben. Der zweite Teil der Arbeit präzisiert diese Konzepte dahingehend, dass Datenqualitätsprozesse in die Risikomanagementprozesse integriert werden. Hierbei werden die Schnittstellen für die Anwendung von Risiko-Assessments aufgezeigt und gleichwohl ein Konzept zur Realisierung der standardisierten Risiko-Assessments präsentiert. Im dritten Teil wird das erarbeitete Konzept durch die Implementation des Prototyps hinsichtlich des Anwendungsbeispiels Banken umgesetzt. Dabei wird eine modifizierte Variante des Prototyps eingeführt und detailliert beschrieben. Im letzten Teil der Arbeit werden die Ergebnisse abschließend diskutiert sowie mögliche Ansätze zur Weiterentwicklung des IQ-Assessment Tools aufgezeigt.

Abstract

In this thesis we will discuss the coherence between data quality management and risk management to develop a concept for standardized data risk assessments.

The goal of this thesis is to work out a concept for the realization of automated data risk assessments and to implement a prototype following this concept. The prototype in the bank is called IQ-Assessment Tool.

The thesis is divided into four parts. The first part introduces the subjects of data, knowledge, information, quality, data quality, quality management, data quality management, metadata and metadata management. Furthermore, we describe basic concepts for risk management in the IT and data quality management. The second part of this thesis is to formulate these concepts to integrate data quality processes into risk management processes. At this point we will illuminate the interfaces for an application data risk assessment and at the same time we describe a concept for implementing a standardized risk assessment for data quality. Part three describes the prototype that has been implemented in the bank based on the proposed data risk assessment concept. For the implementation the prototype has been modified. In the last part of this thesis we will finally discuss the resulting works and complete the thesis with an outlook on further technical and theoretical extensions for the IQ-Assessment Tool.

Inhaltsverzeichnis

Abbildungsverzeichnis

Tabellenverzeichnis

Listingverzeichnis

Abkürzungsverzeichnis

AktG	Aktiengesetz
BID	Benutzer-Identifikation
CG	Corporate Governance
CMM	Capability Maturity Model
DE	Datenerfasser
DIN	Deutsches Institut für Normung e.V.
DN	Datennutzer
DP	Datenprüfer
DQ	Datenqualität
DQA	Data Quality Act
DQK	Datenqualitätskoordinator
DQM	Datenqualitätsmanagement
DV	Datenverarbeiter
EN	Europäische Norm
ETL	Extract Transform Load
FMEA	Fehlermöglichkeits- und Einflussanalyse
HGB	Handelsgesetzbuch
HTML	Hypertext Markup Language
ISO 9000	DIN EN ISO 9000ff
ISO	International Organization for Standardization
IT	Information Technology (Informationstechnologie)
KonTraG	Deutsches Gesetz über die Kontrolle und Transparenz im Unternehmensbereich vom 30.April 1998

KVP	Kontinuierlicher Verbesserungsprozess
MIT	Massachusetts Institute of Technology
OE	Organisationseinheit
Org	Organisation
PHP	Hypertext Preprocessor (serverseitig interpretierte Skriptsprache)
QM	Qualitätsmanagement
RM	Risikomanagement
SEI	Software Engineering Institute
SOX	Sarbanes-Oxley Act
SPICE	Software Process Improvement and Capability Determination
SWOT	Strengths, Weaknesses, Opportunities und Threats
TDQM	Total Data Quality Management
TQM	Total Quality Management
UB	Unternehmensbereich
WWW	World Wide Web

Kapitel 1

Einleitung und Motivation

Fundierte Managemententscheidungen erfordern zusammenhängende und konsistente Daten auf allen Unternehmensebenen und über alle Geschäftsfelder hinweg. Das Verständnis des größten Kapitals eines Unternehmens – seiner Daten – ist auf lange Sicht nicht nur ein Wettbewerbsvorteil, sondern essenziell, um das eigene unter Umständen seit vielen Jahren gewachsene Unternehmen zu verstehen und effektiv zu führen.

Die heutigen Unternehmen werden dazu verpflichtet Risikomanagement zu betreiben, um konkurrenzfähig zu bleiben. Darüber hinaus dient ein Risikomanagement-System primär der eigenen Absicherung. Weitere Gründe sind die angestiegene Zahl der Unternehmensinsolvenzen sowie diverse, spektakuläre Unternehmenszusammenbrüche, wie die von Swissair, ENRON, Schneider, Holzmann, Kirch Media und anderen. Die Ursachen von Insolvenzen liegen in den meisten Fällen in Managementfehlern begründet.

Insgesamt wird eine unbefriedigende und inkonsistente Datenqualität bei Führungsinformationen konstatiert. Das Management wird bestenfalls mit irrelevanten, häufig aber mit falschen und gefährlich verzerrten Informationen überschwemmt. Primäres Ziel ist es, nicht nur induzierte Risiken durch Daten zu vermeiden, sondern Handlungsspielräume zu schaffen, die bewusst auf die potentiellen Risiken eingehen. Beispielhaft sind Risiko adäquate Schritte zu initiieren, um weniger Ressourcen für die Abhandlung signifikanter Geschäftsprozesse aufbringen zu müssen. Eine hohe Datenqualität ist daher Grundlage guter Managemententscheidungen. Schließlich werden auf Basis von Informationen Entscheidungen gefällt, Marktchancen bewertet, Verhandlungen geführt und vieles mehr. Dies kann nur so gut sein, wie die zugrundeliegenden Daten bzw. Informationen sind. Daher ist es erforderlich zu wissen, ob man sich auf die Korrektheit, Vollständigkeit, Konsistenz und Aktualität der Daten verlassen kann. Hierbei kann es sehr konstruktiv sein, schon im Vorfeld ein Risiko-Assessment durchzuführen, mit dem Ziel, die Effizienz und Effektivität der Entscheidungsfindung zu erhöhen. Für diesen Zweck können Fragebögen bzw. Checklisten eingesetzt werden, um möglichst prekäre Brennpunkte hinsichtlich schlechter Datenqualität diagnostizieren zu können. Eine moderate Priorisierung der Risiken aus dem Risiko-Assessment kann dabei als Ausgangspunkt dienen.

Des Weiteren ist noch eine akkurate Adressierung der qualitätsrelevanten Aktivitäten zu initiieren, um anschließend den gesamten Datenqualitätsprozess in Hinblick auf deren Auswirkungen transparenter zu systematisieren. Mit Hilfe eines Data-Ownership-Konzeptes werden die Verantwortlichkeiten klar abgegrenzt, so dass erfolgreiche Gegenmaßnahmen zur Verbesserung der Datenqualität ergriffen werden können. Grundsätzlich sind Daten dann von einer hohen Qualität, wenn sie den vom Nutzer festgelegten Zweck erfüllen. Assistiert wird dieser Gedanke durch ein Metadaten-Management, so dass die Transparenz über Datenqualitätsprozesse simultan erhöht wird. Nicht zuletzt steigt die Bedeutung des Datenqualitäts-managements erheblich an.

1.1 Maßnahmen der Gesetzgebung

Das Thema Risikomanagement hat in den letzten Jahren immer mehr an Bedeutung gewonnen und stellt ein wichtiges Instrument zur Erreichung der Unternehmens-ziele dar. Mit Sarbanes Oxley Act, Data Quality Act, KonTraG und Basel II wurden gesetzliche Änderungen eingeführt, die von den Unternehmen ein nachweisbares Risikomanagement-System fordern. Darüber hinaus fordert der Corporate Gover-nance Kodex ausdrücklich ein Risikomanagement-System einzurichten, und nimmt sowohl Vorstand als auch Aufsichtsrat in die Verantwortung.

Die zeitgemäßen Anlässe zur Installierung eines Risikomanagement-Systems sind der Abbildung 1.1 zu entnehmen:

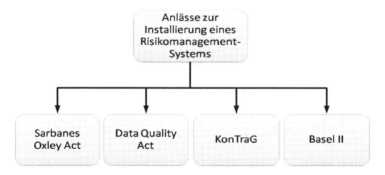

Abbildung 1.1: Anlässe zur Installierung eines Risikomanagement-Systems

1.1.1 Sarbanes-Oxley Act

Der *Sarbanes Oxley Act*[1] (abgekürzt SOX) ist ein US-Gesetz zur Regelung der Unternehmensberichterstattung infolge von aufsehenerregenden Finanzskandalen in Unternehmen wie WorldCom oder Enron. Die Anforderungen an die Richtigkeit der veröffentlichten Finanzdaten werden erweitert, mit dem Ziel, die Vertrauenskrise bei den Anlegern zu entschärfen, indem es die Transparenz erhöht und die Kontrolle durch unabhängige Prüfer verschärft und Manager persönlich für ihr Verhalten haftbar macht. Aus diesem Grund sind auch entsprechende Implementierungen von Prozessen zur Verbesserung der Datenqualität zu erwarten.

1.1.2 Data Quality Act

Es wird vom Gesetzgeber immer mehr Druck ausgeübt, sich der Qualitäts-problematik in der Informationsverarbeitung anzunehmen. So gibt es in den USA bereits seit dem Jahr 2001 ein Gesetz namens *Data Quality Act*, das Mindest-richtlinien zur Erreichung von Datenqualität für Regierungsstellen festlegt.

1.1.3 KonTraG

Das Kürzel *KonTraG* steht für das Gesetz zur Kontrolle und Transparenz im Unternehmensbereich und ist ein umfangreiches Artikelgesetz, das der deutsche Bundestag am 5. März 1998 verabschiedete. Das am 1. Mai 1998 in Kraft getretene Gesetz hat zum Ziel, die Corporate Governance[2] in deutschen Unternehmen zu verbessern. Es verpflichtet Vorstände börsennotierter Unternehmen zur Einrichtung eines Überwachungssystems, um Risiken frühzeitig zu erkennen. Des Weiteren werden Unternehmen, zu einer Berichterstattung über Risiken der künftigen Entwicklung und der Ausweitung der Jahresabschlussprüfung, in die Pflicht genommen.

Konkret fordert beispielsweise §91 Abs.2 AktG:

> *„Der Vorstand hat geeignete Maßnahmen zu treffen, insbesondere ein Überwachungssystem einzurichten, damit der Fortbestand der Gesellschaft gefährdende Entwicklungen früh erkannt werden. "*[3]

---

[1] SOX wurde 2002 in den USA auf Initiative eines Senators namens Sarbanes und einen Kongress-abgeordneten namens Oxley erlassen.

[2] Der Corporate Governance umfasst Methoden und Instrumente zur Leitung und Überwachung von Organisationen. Hierbei wird die Unternehmensführung und Überwachung klar voneinander getrennt.

[3] Vgl. Gaulke, 2004, S.18.

Mit diesem Konstrukt – das sich aus Änderungen und Ergänzungen in anderen Gesetzen, insbesondere dem Aktiengesetz (AktG) und dem Handelsgesetzbuch (HGB) ergibt – wurde die Haftung von Vorstand, Aufsichtsrat und Wirtschaftsprüfer erweitert. Aber wichtige Fragen, wie etwa ab welcher Unternehmensgröße ein Risikomanagement einzuführen ist, und welche Anforderungen in diesem Zusammenhang zu erfüllen sind, lässt KonTraG offen.

1.1.4 Basel II

Basel II[4] ist ein Konsultationspapier vom Baseler Ausschuss für Bankenaufsicht. Dieser hat sich zum Ziel gesetzt, das Risiko bei der Kreditwirtschaft einzudämmen. Die Inhalte von Basel II führten somit in der Bundesrepublik Deutschland zur Sensibilisierung der Bankenlandschaft im Umgang mit der Vergabepraxis von Krediten.

Für, alle, Kreditnehmer werden eine Reihe von Kriterien definiert, nach denen das jeweilige Risiko zu berechnen ist. Neben dem Kreditrisiko und dem Marktpreisrisiko wird hierbei noch das operationelle Risiko geschätzt. Bei der Einschätzung des operationellen Risikos spielt es eine große Rolle, wie sicher die verwendeten Daten sind und ob das Unternehmen bei Ihrem Assessment auf korrekte, konsistente, vollständige und aktuelle Daten zurückgreift. Um nun an dieser Stelle die gewünschte Datenqualität anbieten zu können, ist ein Data-Ownership-Konzept sinnvoll, das vorschreibt, welche Daten wann und wie aus den unterschiedlichen Unternehmensbereichen zusammengetragen werden müssen. Ergo wird explizit ein Risikomanagement-System gefordert, das durch ein Datenqualitätsmanagement lanciert wird.

Es scheint, dass die Institutionalisierung eines einheitlichen, konzernübergreifenden Risikomanagement-Systems Voraussetzung ist, um die gesetzlichen Anforderungen zu erfüllen. Nach wie vor lässt sich aus der Implementierung eines Risikomanagement-Systems, eine erhebliche Signifikanz hinsichtlich einer Exkulpation der Geschäftsführung, ableiten.

1.2 Zielsetzung und Abgrenzung

Innerhalb dieser Arbeit soll zunächst ein Risiko-Assessment basierend auf ein etabliertes Data-Ownership-Konzept durchgeführt werden. Aufbauend auf den Ergebnissen eines Capability Maturity Models wird das Konzept eines Datenqualität-Regelkreises erarbeitet, worauf anschließend ein Risikomanagementprozess zu adaptieren ist. Nach der Betrachtung der einzelnen Schritte des hierarchischen

---

[4] Basel II ist auch unter dem Begriff „New Basel Capital Accord" bekannt. Weitere Ausführungen zu diesem Thema sind der Quelle: http://www.bis.org/ am 03.08.2007, zu entnehmen.

Regelkreises und den daraus abgeleiteten Folgerungen in Bezug auf die Datenverantwortung, wird die Risikoidentifizierung wie auch die Risikoanalyse umfassend erörtert. Weiterhin werden die charakteristischen Merkmale eines Risiko-Assessments genau definiert und untersucht. Im Weiteren soll das konzipierte Risiko-Assessment in der Praxis Anwendung finden.

1.2.1 Zielsetzung und Kernfragen

Die Arbeit befasst sich mit der Entwicklung eines Risiko-Assessments, das auf Basis eines Data-Ownership-Konzeptes konstruiert wird. Durch diese Vorgehensweise wird ein hierarchisches Regelkreismodell für die Datenqualitätsprozesse aufgebaut, mit dem Ziel, es in einem Risikomanagementprozess einzubetten. Mit der detaillierten Beschreibung dieses Konzeptes werden weiterführende Aspekte in der Anwendung komplexer Risiko-Assessments dokumentiert, die in der Literatur aufgrund der dadurch erzielten Spezialisierung häufig nicht berücksichtigt werden. Wir argumentieren jedoch, dass die hier innerhalb des Konzepts vorgeschlagenen Wege der Muster-Implementierung eine ausreichend breite Anwendbarkeit besitzen, die es erlaubt, die hier gefundenen Problemlösungen bezüglich des Risiko-Assessments auf andere Unternehmen einschließlich Ihrer Projekte zu übertragen.

Der Beitrag, der durch diese Arbeit erbracht wird, besteht somit in der Erstellung eines Risiko-Assessments, das bisher kaum öffentlich behandelt worden ist. Durch eine Formalisierung der Ergebnisse wird eine allgemeine Konzept-Vorlage erarbeitet, die anhand des Anwendungsbeispiels einer Bank zusätzlich in die Praxis umgesetzt wird.

1.2.2 Abgrenzung der Arbeit

Das Ergebnis der Arbeit ist unter anderem ein vollständiger Risiko-Assessment-Entwurf sowie die Implementierung der darin enthaltenen Schritte, die als Ansatzpunkt dazu verwendet werden können, eine im Sinne der Anforderungen vollständiges Assessment zu koordinieren. Die Automatisierung der Risiko-Assessments soll dabei in den Fokus gesetzt werden.

Es gehört nicht zu den Zielen dieser Arbeit, beispielsweise sämtliche Methoden zur Identifikation der Risiken zu analysieren oder darüber hinaus neuartige Methoden zu entwerfen. Vielmehr sollten die bereits häufig in der Praxis angewendeten Methoden in Hinblick auf die Konzepte des Risiko-Assessments assimiliert werden. Aus diesem Grund sollten auch nicht alle Risikobehandlungs-maßnahmen in einem Risikomanagementprozess ausdiskutiert werden, sondern vielmehr nur tangiert werden.

1.3 Gliederung und Inhalt der Arbeit

Der grundsätzliche Aufbau der Arbeit ist in Abbildung 1.2 dargestellt. Hierbei werden die Abhängigkeiten der partiellen Kapitel untereinander detailliert dargestellt. Die separaten Teile der Arbeit – die durch gestrichelte Linien, die segregierten Kapitel aggregieren – bauen aufeinander auf.

Diese Arbeit hat im Wesentlichen drei Schwerpunkte. Sie wird, nach einer allgemeinen Einführung in das Thema, über den konzeptionellen Teil, immer konkreter und stärker auf das Anwendungsbeispiel Banken bezogen. Die Kapitel sind wie folgt strukturiert:

Kapitel 2, *Grundlagen und Begriffe*, beschreibt die konzeptionellen Grundlagen der Arbeit. An dieser Stelle werden die begrifflichen Grundlagen klar definiert und deren Zusammenhänge aufgezeigt. Diese sind zum Verständnis dieser Arbeit unabdingbar.

Kapitel 3, *Risikomanagement in der IT*, behandelt neben dem klassischen Regelkreis des Risikomanagements, noch die Risikomanagementprozesse der IT. Aufgrund der zentralen Bedeutung werden in diesem Kontext einige Reifegradmodelle näher betrachtet.

Kapitel 4, *Datenqualitätsmanagement,* diskutiert die Initiierung eines Data-Ownership-Konzeptes in Verbindung mit einem PDCA-Zyklus, da der zentrale Untersuchungsgegenstand der Arbeit – das Datenqualität-Assessment – hierauf adaptiert wird. Anschließend werden die Funktionen sowie die Anforderungen an das Datenqualitätsmanagement in einem Unternehmen formuliert und daraus Kriterien für die folgenden Kapitel abgeleitet.

Kapitel 5, *Anwendung von Risikomanagement auf Datenqualität*, erläutert im Wesentlichen die Kohärenz zwischen Datenqualität und Risikomanagement. Dabei wird der Datenqualität-Regelkreis an einem Risikomanagementprozess assimiliert.

Kapitel 6, *Ansatz für ein Gestaltungsmodell*, präsentiert in erster Linie die Realisierung eines standardisierten Risiko-Assessments. Neben der Einführung eines Datenqualität-Netzwerkes zur organisatorischen Abwicklung des Assessments werden diverse Möglichkeiten zur Auswertung des Assessments vorgestellt.

Kapitel 7, *Anwendung von Teilaspekten auf eine Bank*, entwickelt aufgrund der Resultate aus Kapitel 6 einen proaktiven Datenqualitätsmanagementprozess und beschreibt dabei kritische Aspekte.

Kapitel 8, *Evaluation*, schließt den praktischen Teil der Arbeit, mit der Evaluation für die Anwendung des Risiko-Assessments in einer Bank, ab.

Kapitel 9, *Zusammenfassung*, fasst die erarbeiteten Möglichkeiten zur Durchführung eines Risiko-Assessments zusammen. Abschließend werden die Ergebnisse kritisch beleuchtet und beurteilt.

Kapitel 10, *Ausblick*, gibt den Ausblick über mögliche zukünftige Entwicklungen des Risiko-Assessments. Hierbei werden weitere Forschungsarbeiten aufgezeigt und weiterführende Arbeiten diskutiert. Mit dem Fazit dieses Kapitels wird diese Arbeit abgeschlossen.

Mehrere Anhänge unterstützen die Arbeit mit dem Risiko-Assessment, angefangen mit dem Anhang A, der eine Zusammenstellung von ausgewähltem Programmcode und Screenshots in Hinblick auf die technische Realisierung des Risiko-Assessments enthält. Im Anhang B wird dies um weitere Screenshots, Implementationen sowie Detailergebnisse des Risiko-Assessments hinsichtlich des Anwendungsbeispiels Banken ergänzt. Anhang C enthält zum einen ein Evaluationsformular im Original, und zum anderen eine graphische Aufbereitung der Ergebnisse bezüglich der Benutzerbefragung.

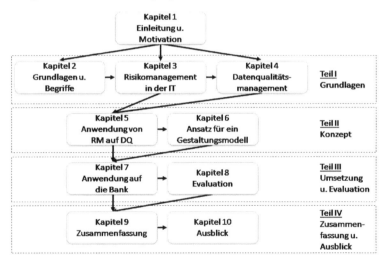

Abbildung 1.2: Grundsätzlicher Aufbau der Arbeit

Ausblick

Wir beginnen die Arbeit mit der Vorstellung ausgewählter Grundlagenthematiken, die im späteren Verlauf Verwendung finden werden. Dies beinhaltet die Präsentation des Risikomanagements in der IT, das innerhalb der Arbeit bearbeitet wird, sowie eine Einführung in diversen Reifegradmodellen, die dem durchzuführenden Risiko-Assessment als Grundlage dienen. Außerdem wird das Data-Ownership-Konzept näher beleuchtet.

Teil I

GRUNDLAGEN

Kapitel 2

Grundlagen und Begriffe

Dieses Kapitel beschreibt die wesentlichen konzeptionellen Grundlagen, die im Rahmen der Arbeit angewendet werden. Zunächst werden elementare Begriffe wie etwa Daten, Qualität und Datenqualität für die Arbeit abgegrenzt. Diese und weitere Begriffe sollen spezifisch für das Thema dieser Arbeit in den richtigen Kontext gesetzt werden.

Im Weiteren werden in diesem Kapitel einleitend die Begriffe Qualitätsmanagement, Datenqualitätsmanagement und Metadaten-Management kurz erörtert. Die Erörterung soll einem gemeinsamen Verständnis der verwendeten Begriffe dienen, da in der Literatur teilweise unterschiedliche Explikationen angewandt werden. Aufgrund dieses Umstands sollen in den folgenden Abschnitten, die erforderlichen Definitionen festgelegt werden.

2.1 Gesamtmodell: Daten, Wissen und Information

Es ist vorauszuschicken, dass in der Literatur bisher keine homogene Sichtweise hinsichtlich der Begriffe: Daten, Wissen und Information[1] vorliegt. Daten[2] bilden auf jeden Fall das Fundament für Wissen und Information in einem Unternehmen. Daten selbst sind aber nicht wertschöpfend, sondern erst ihre Interpretation und ihre Nutzung durch Informations- u. Wissensträger.[3] Daten sind also von minderer Qualität, wenn sie nicht zum richtigen Zeitpunkt und just in time dem Datennutzer zur Verfügung stehen. In der DIN 443000 werden *Daten* wie folgt definiert: *„Daten sind Informationen, die durch Zeichen oder kontinuierliche Funktionen aufgrund*

---

[1] Die Unterscheidung des Singulars (*Information*) vom Plural (*Informationen*) ist sprachlich nicht eindeutig. Darüber hinaus gibt es im Englischen für diesen Begriff – wie auch für den Begriff Daten – nicht einmal die Unterscheidung zwischen Singular und Plural. In dieser Arbeit werden beide Formen des Begriffes verwendet, dabei steht Information je nach Kontext manchmal für das abstrakte Konzept der *Information* (nur Singular) und manchmal für eine einzelne Instanz dieser – eine atomare Wissenseinheit – und kann als solche dann ebenfalls im Plural *Informationen* auftreten.

[2] Der Begriff *Daten* ist der Plural von Datum und stammt aus dem lateinischen Wort *datum* (Gegebenes).

[3] Dippold et al., 2005, S.3.

bekannter oder unterstellter Abmachungen zum Zweck der Verarbeitung dargestellt werden. "

Es stellt sich die Frage, ob sich aus dieser Definition allgemeingültige Forderungen ableiten lassen. Deshalb ist es sinnvoll engere Definitionen zu wählen, wie sie etwa bei Feber zu finden sind:

Definition *Daten:* Als *Daten* werden demnach Einträge bezeichnet, deren Typ oder syntaktische Struktur bekannt ist. Das kann z.b. eine Bitfolge sein, die als Liste von Integerzahlen zu interpretieren ist, oder ein Record aus verschiedenen Datentypen.[4]

Diese Definition bildet die Grundlage und die Quelle von Wissen und Information:

Definition *Wissen:* Ist für Daten bekannt, was sie beschreiben oder welche Eigenschaften eines Objekts sie repräsentieren, ist also eine semantische Struktur gegeben, spricht man von *Wissen*.[5]

Definition *Information:* *Information* ist die Teilmenge von Wissen, die von jemandem in einer konkreten Situation zur Lösung von Problemen benötigt wird.[6]

Diese Definition stellt besonders den Bedarf und den Neuigkeitswert aus Sicht des Rezipienten (Nutzer) in den Mittelpunkt. Eine zielgerechte Beschaffung von relevanten Informationen wird zunehmend nicht durch den Mangel, sondern durch den Überfluss an verfügbaren Daten und Information erschwert.[7]

---

[4] Vgl. Feber, 2003, S.27.
[5] Vgl. Feber, 2003, S.27.
[6] Vgl. Herget/Kuhlen, 1990.
[7] Vgl. Dippold et al., 2005, S.18.

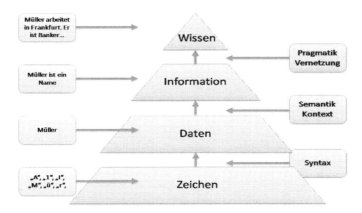

Abbildung 2.1: Daten, Information und Wissen[8]

Die Abbildung 2.1 illustriert nochmals die Abstraktionsstufen der einzelnen Begriffe in Form einer Pyramide. Hierfür soll zunächst auf die Semiotik, also die Lehre von Zeichen und Zeichenketten, zurückgegriffen werden. Die Semiotik unterscheidet drei Abstraktionsebenen, nämlich die Syntaktik, die Semantik und die Pragmatik.

Ausgehend von ein oder mehrerer Zeichen (z.B. Buchstaben und Ziffern) gelangt man zu Daten – der untersten Begriffshierarchie – wenn man diese Zeichen einem bestimmten Alphabet zuordnet und eine bestimmte Syntax beachtet. Erst auf der nächsten Ebene, die der Semantik, kann eine sinnvolle Aussage über den Verwendungszweck der Daten getroffen werden, da die Daten an dieser Stelle im Zusammenhang gesehen einen sinnvollen Inhalt ergeben. Informationen sind dann in einem bestimmten Kontext subjektiv wahrgenommene Daten. Wissen – die höchste Stufe der Begriffshierarchie – stellt den übergeordneten Rahmen dar, innerhalb dessen Informationen generiert und verwendet werden. Wissen verbindet somit alle Eigenschaften der unteren Ebenen und erweitert diese sogar durch Vernetzung zu einer anwendbaren Information.

Nach Bodendorf scheint die suggerierte trennscharfe Unterscheidung zwischen Daten, Information und Wissen jedoch fraglich zu sein, so dass die Vorstellung eines Kontinuums zwischen den Polen Daten und Wissen passabler zu sein scheint.

Da der Begriff ,Information' häufig in der Literatur definiert wird, werden ad hoc weitere Definitionen präsentiert, die zugleich den verschiedenen Bedeutungen der Information entsprechen werden. Mit *„Information ist Wissen in Aktion"*, macht Kuhlen den Handlungsaspekt deutlich. Information entsteht in diesem Sinne immer nur punktuell, wenn ein Mensch zur Problemlösung Wissen benötigt. Weiterhin

---

[8] Quelle: Eigene Darstellung in Anlehnung an Bodendorf, 2005, S.1-2.

verwendet die Informationstheorie nach Shannon, den Begriff der *Entropie*[9], um die Informationsdichte (Informationsgehalt) von Nachrichten zu charakterisieren. Hierbei werden die Zeichen (entspricht der kleinsten Einheit von Information) mit sogenannten Bits versehen, um über die Anzahl der Bits, eine Aussage in puncto des Informationsgehaltes einer Nachricht treffen zu können. Je seltener ein Zeichen auftritt, desto höher ist deren Informationsgehalt.[10]

Die hier angesprochenen Begriffe von Daten, Information und Wissen bilden eine begriffliche Grundlage der weiteren Arbeit und dienen so als Basis des in Abschnitt 2.2 erläuterten Begriffs der Datenqualität.

2.2 Qualität und Datenqualität

Der obige Abschnitt zeigte den unmittelbaren Zusammenhang zwischen Information und Daten auf. Hierin besteht auch eine direkte Verbindung zur Qualität von Daten. Bevor diese Verbindung bei der Klärung des zentralen Begriffs Datenqualität[11] (oder auch Informationsqualität) näher erläutert wird, soll an dieser Stelle allerdings der Begriff der Qualität näher beschrieben und in Zusammenhang mit dieser Arbeit eingegrenzt werden. Bekanntlich handelt es sich bei der Datenqualität, um einen parametrisierten Begriff – Daten und Qualität. Der Gesamtaspekt der Datenqualität und damit die Verbindung beider Begriffe ist aber relativ neu und bisher wenig definiert.[12] Vorweg sei bereits darauf hingewiesen, dass verhältnismäßig viele Definitionsmöglichkeiten in der Literatur existieren.

Es stellt sich die Frage, was unter Qualität im Allgemeinen zu verstehen ist. Daher ist das Ziel dieses Abschnitts, die Entwicklung eines Qualitätsbegriffes. Schließlich besteht bisher keine Einigung auf einen einheitlichen Begriff.

Der Begriff *Qualität* lässt sich auf den lateinischen Begriff ‚qualitas' (=Beschaffenheit eines Gegenstandes) oder ‚qualis' (=wie beschaffen) zurückführen. Nach wie vor hat der Begriff Qualität im täglichen Sprachgebrauch unterschiedliche Bedeutungen; er wird subjektiv gebraucht, je nach dem, was der einzelne gerade darunter versteht.[13] Bemühungen nationaler und internationaler Standardisierungsorganisationen haben zu einer breit akzeptierten Begriffsbeschreibung geführt. Nach DIN EN ISO 9000:2005, der gültigen Norm zum Qualitätsmanagement wird *Qualität*, als

---

[9] Nach dem Duden Fremdwörterbuch (7. Auflage 2001) wird die Entropie als „Größe des Nachrichtengehalts einer nach statistischen Gesetzen gesteuerten Nachrichtenquelle; mittlerer Informationsgehalt der Zeichen eines bestimmten Zeichenvorrats" definiert.

[10] Zur Erläuterungen der Konzepte siehe: C. Shannon, A mathematical theory of communication. The Bell system technical journal, vol.27, pp. 379-423, pp. 623-656, July-October, 1948.

[11] Oft wird der Begriff *Datenqualität* als Synonym verwendet, obwohl streng genommen Informationsqualität korrekter ist.

[12] Vgl. Würthele, 2003, S.14.

[13] Vgl. Neumann, 2000, S.15.

„*Grad, in dem ein Satz inhärenter Merkmale Anforderungen erfüllt"*, definiert.[14] Diese Definition indiziert die Durchsetzung eines anderen Qualitätsverständnisses. Die Formulierung der DIN EN ISO 8402: 1995-08, der früheren Standards zum Qualitätsmanagement, definiert *Qualität* als „*die Gesamtheit von Merkmalen einer Einheit bezüglich ihrer Eignung, festgelegte und vorausgesetzte Erfordernisse zu erfüllen.*" Hierbei wird die Einheit als materieller und immaterieller Bestandteil aufgefasst. Demgegenüber steht die aktuelle Norm, in der die Qualität, als Maß für die bestehenden Anforderungen an ein Produkt (z.B. Daten) gesehen wird. Weiterhin wird die Qualität mit inhärenten Merkmalen[15] quantifiziert.

Im Weiteren gibt es sehr viele spezifische Definitionen, etwa aus dem Bereich der industriellen Fertigung, wo häufig die reziproke Abweichung eines Prüflings von einem Ideal als Qualitätsmaß für die vorausgegangene Fertigung des Prüflings definiert wird (geringe Abweichung = hohe Qualität).[16] Demnach kann Qualität nur durch Vermeidung von Fehlern und kontinuierliche Verbesserung (KVP) im gesamten Produktionsprozess erreicht werden. Der Verbesserungsprozess folgt dabei dem japanischen *Kaizen-Prinzip*: Kaizen steht in diesem Kontext für ein ständiges/ inkrementelles Streben nach Verbesserungen.[17]

In der Literatur sieht Garvin von den oben vorgestellten Normen ab, und kategorisiert den Begriff der Qualität systematisch in fünf *Qualitätssichten*:[18]

1) Beim *produktbezogenen* Ansatz bestimmt die Menge der variierenden Produkteigenschaften die Qualität, so dass Qualität präzise messbar ist.

2) Der *anwenderbezogene* Ansatz betrachtet die Qualität aus Sicht des Anwenders. Hierbei wird nicht die objektive Qualität des Produktes selbst bewertet, sondern die subjektive, da die Qualität durch den Produktnutzer festgelegt wird.

3) Im *prozessbezogenen* Ansatz entspricht das Qualitätsverständnis, die Erfüllung von Normen. Unter diesem Aspekt bedeutet Qualität, die Einhaltung von Spezifikationen und die Abwesenheit von Fehlern.

4) Das Qualitätsverständnis des *transzendenten* Ansatzes entspricht in etwa der umgangssprachlichen Sicht von Qualität. Der in der Praxis kaum relevante Ansatz, kennzeichnet Qualität als angeborene Vortrefflichkeit, Einzigartigkeit oder Superlative, als ein Synonym für hohe Standards und Ansprüche. Nach dieser Deskription kann Qualität nicht quantifiziert werden, und lässt sich somit genauso wenig wie Platons Begriff der ‚Schönheit' definieren.

---

[14] Siehe auch: http://de.wikipedia.org/wiki/Qualit%C3%A4t am 01.08.2007
[15] *Inhärent* bedeutet im Gegensatz zu zugeordnet *einer Einheit innewohnend*, insbesondere als ständiges Merkmal.
[16] Vgl. Würthele, 2003, S.14.
[17] Zu weiteren Erläuterungen des Kaizen-Prinzips siehe: http://de.wiki pedia.org/wiki/Kaizen am 05.08.2007.
[18] Vgl. im folgendem mit Garvin, 1984, S.25-28.

5) Der *wertbezogene* Ansatz zielt auf ein günstiges Kosten-Nutzen-Verhältnis ab, indem ein Bezug zwischen Preis und Qualität im Sinne von Nutzen hergestellt wird. Infolgedessen erhält die eigentliche Qualität des Produktes nur eine eingeschränkte Signifikanz.

Die bisher unterschiedlich erläuterten Begriffe der Qualität führen nun unter Berücksichtigung der von Garvin identifizierten Qualitätsdimensionen zur folgenden, der im Rahmen dieser Arbeit geltenden Definition:

Definition *Qualität:* Die *Qualität* ist eine inhärente Eigenschaft eines Produktes (wie z.B. Daten) und kann darüber bestimmt werden. Eine gute oder überlegende Qualität liegt dann vor, wenn die Anforderungen an die Daten möglichst treffsicher und vollständig erfüllt sind. Zudem sollen Daten subjektiv als qualitativ hochwertig wahrgenommen werden.

In dem von Würthele beschriebenen *Datenqualitätsradar*[19], macht der Autor die Qualität zusätzlich von weichen Faktoren wie dem Können und Willen der in den Prozessen beteiligten Mitarbeiter abhängig. Dies unterstreicht nochmals die Prämisse, des in Abschnitt 4.1 vorgestellten Konzepts der Datenverantwortung, bei der die Qualitätsanforderungen durch den Datennutzer festgelegt werden.

Neben den bisher genannten Definitionsmöglichkeiten lässt sich nun Qualität im Hinblick auf Daten definieren. Ähnlich dem Qualitätsbegriff, wird der Begriff Datenqualität in der Literatur vielfach beschrieben, obwohl der Begriff relativ neu ist. Exakte Definitionen oder gar eine Metrik, welche es erlaubt, die unternehmensweite Datenqualität messbar zu machen, fehlen jedoch völlig.[20] Im Wesentlichen erschwert diese Tatsache, die Minderung von induzierten Risiken durch Daten erheblich. Es gilt diesem Umstand unter Zuhilfenahme eines Risiko-Assessments entgegenzuwirken.

---

[19] Das Radar kann als eine Art „High-Level"-Messinstrument angesehen werden. Für nähere Erläuterungen siehe Würthele, 2003, S.31-32.
[20] Vgl. Würthele, 2003, S.12.

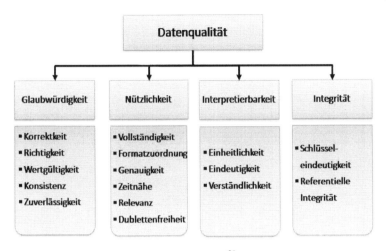

Abbildung 2.2: Kategorisierung der Datenqualität[21]

Die *Datenqualität* [Hervorhebung durch den Autor] ist der Grad der Eignung von Daten, den an ihre Erfassung oder Generierung gebundenen Zweck zu erfüllen.[22] Derzeit wird die *Datenqualität*[23] in der DIN ISO 8402, als *„die Eignung von Daten für unterschiedliche Verwendungszwecke"* charakterisiert. Die Eignung bezieht sich dabei auf die Erfassung der subjektiven Qualitätsanforderungen an die Daten sowie deren Spezifikation in einem Datenqualitätsprozess. Aus der obigen Abbildung 2.2 geht hervor, dass die Eignung der Daten durch deren Eigenschaften beschrieben wird. Darüber hinaus erfolgt die Beschreibung von Eigenschaften durch die Bildung von Datenqualitäts-Merkmalen[24]. Für die Bestimmung von Datenqualitäts-Merkmalen kann ein intuitiver, empirischer, dienstleistungsorientierter, semiotischer oder ein systemorientierter Ansatz gewählt werden.[25] In der Literatur werden allgemein vier Fehlertypen identifiziert, aus denen innere *Datenqualitäts-Merkmale* abgeleitet werden. Zu diesen typisch verwendeten Qualitätskriterien, zählen die Korrektheit, Vollständigkeit, Konsistenz und Relevanz von Daten. Allerdings lässt sich auch hier keine Übereinstimmung hinsichtlich relevanter Qualitätskriterien erkennen, da deren Bedeutung vom Kontext und der Verwendung der Daten abhängt. Aus diesem Grund soll auf eine umfängliche Darstellung einzelner Merkmale der Datenqualität verzichtet und dafür auf einige ausgewählte Ansätze aufmerksam gemacht werden.

---

[21] Quelle: Eigene Darstellung in Anlehnung an Internes Dokument, 2006, S.57.

[22] Vgl. Würthele, 2003, S.13.

[23] Zu weiteren Ausführungen siehe: http://en.wikipedia.org/wiki/Data_ quality am 15.08.2007.

[24] Unter *Qualitätsmerkmale* versteht man Qualität mitbestimmende Merkmale. Diese werden Synonym auch als *Qualitätsfaktoren* bezeichnet. Wenn allerdings eine hierarchische Unterteilung von Qualitätsmerkmalen besteht, werden jene auf hoher Ebene Qualitätsfaktoren, jene auf niedriger Ebene Qualitätsmerkmale genannt.

[25] Präzisere Erläuterungen zu diesen Konzepten finden sich unter anderem im Vorlesungsskript 'Informationsmanagement': Lüssem, 2005, S. 12-13.

Eine Übersicht über die verschiedenen Ansätze findet sich beispielsweise in Helfert auf Seite 70-72 wieder. Die dargestellten Ansätze konstatieren nochmals die Vielschichtigkeit des Begriffs der Datenqualität.

Insgesamt ist die Qualität von Daten sehr subjektiv, da jedes Unternehmen, jedes System oder jede Person unterschiedliche Daten benötigt. Nach English ist die Datenqualität umfassend pragmatisch, zweckbezogen als auch inhärent, datenbezogen zu verstehen.[26] Unter inhärenter Datenqualität versteht English die Korrektheit der Datenqualität, und unter pragmatischer Datenqualität deren korrekte Darstellung.[27]

Grundsätzlich sind Daten dann von einer hohen Qualität, wenn sie den vom Nutzer festgelegten Zweck und zudem noch sämtliche Anforderungen – die von unterschiedlichen Interessenpartnern (englisch: Stakeholdern) an die Daten gestellt werden – erfüllen. Insofern wird die Datenqualität auch häufig nach dem Begründer des Total Data Quality Management (TDQM), Richard Wang vom MIT, als „fitness for use" (Gebrauchstauglichkeit) definiert. Im Rahmen dieser Arbeit richtet sich die Definition der Datenqualität nach Würthele:

Definition Datenqualität: Mehrdimensionales Mass für die Eignung von Daten, den an ihre Erfassung/Generierung gebundenen Zweck zu erfüllen. Diese Eignung kann sich über die Zeit ändern, wenn sich die Bedürfnisse ändern.[28]

Diese Definition unterstreicht nochmals die Relevanz, der zu einem bestimmten Zeitpunkt an die Daten gestellten Anforderungen. Da in der Praxis betriebswirtschaftliche Entscheidungen meist auf dynamische Marktdaten basieren, ist demzufolge auch eine hohe Datenqualität an dieser Stelle zu gewährleisten, um somit mögliche Risiken – die ihren Ursprung in nicht ausreichender Datenqualität haben – durch adäquate Maßnahmen frühzeitig kompensieren zu können.

2.3 Qualitätsmanagement und Datenqualitätsmanagement

Nachdem die obige Definition von Datenqualität die allgemeine Verbindung zwischen Daten und Qualität aufgezeigt hat, manifestiert sich diese Relation im Qualitäts- und Datenqualitätsmanagement.

In der Begriffsdefinition nach DIN ISO umfasst das *Qualitätsmanagement* alle Tätigkeiten der Gesamtaufgabe, welche die Qualitätspolitik, die Qualitätsziele und die Verantwortungen für die Qualität festlegt.[29] Unter diesem Aspekt werden vom Management Maßnahmen konzipiert sowie durchgeführt, um die Effizienz der

---

[26] In Anlehnung an English, 1999, S.22.
[27] Vgl. Würthele, 2003, S.16.
[28] Vgl. Würthele, 2003, S.21.
[29] Vgl. DIN, 1995, S. 244-246.

Geschäftsprozesse zu erhöhen. Das Qualitätsmanagement im Sinne der ISO 9000-Normenreihe besteht im Wesentlichen aus vier Bestandteilen, die der Abbildung 2.3 zu entnehmen sind. Die aufgeführten Aufgaben des Qualitätsmanagements sind nicht als linearer Prozess mit definiertem Anfang und Ende, sondern als ein zyklischer, sich wiederholender Prozess mit voneinander abhängigen Elementen zu interpretieren.

Der daraus resultierende *Qualitätsregelkreis* fokussiert hierbei die kontinuierliche Verbesserung der Prozesse, die da sind:

- *Qualitätsplanung:* Zunächst wird der Ist-Zustand ermittelt sowie die Rahmenbedingungen für das Qualitätsmanagement festgelegt. Schließlich kann dann die Qualität der Daten bestimmt werden. Für die Quantifizierung von hoher Qualität müssen die Erwartungen und Anforderungen an die Daten im Unternehmen genau analysiert werden, um im Anschluss daran effiziente Planungsprozesse konzipieren zu können.

- *Qualitätslenkung:* Das primäre Ziel dieses Prozesses ist es, diverse Maßnahmen zu ergreifen, um ferner die Qualitätsstandards – die im ersten Schritt festgelegt wurden – zu gewährleisten.

- *Qualitätssicherung:* In dieser Phase werden die zuvor definierten Qualitätsstandards validiert. Dabei werden qualitative und quantitative Qualitätsinformationen ausgewertet, mit dem Ziel, ausschließlich konstruktive Maßnahmen zur Erreichung der Qualitätsziele zu eruieren.

- *Qualitätsverbesserung:* Im letzten Schritt werden die aus der vorherigen Phase gewonnenen Informationen für die Verbesserungsmaßnahmen sowie den Prozessoptimierungen eingesetzt. Dafür werden sowohl die Qualitätsziele als auch die Maßnahmen, die zur Erreichung der Qualitätsverbesserung erforderlich sind, in einem sogenannten Qualitätshandbuch detailliert festgeschrieben.

Abbildung 2.3: Funktionen des Qualitätsmanagements

Es ist darauf hinzuweisen, dass ein modernes Datenqualitätsmanagement vor allem die Konzepte der Qualitätsplanung und der Fehlerprävention supponieren. Helfert formuliert den Begriff *Datenqualitätsmanagement* in Anlehnung an die Begriffsdefinition des Qualitätsmanagements gemäß DIN ISO, *„als die Gesamtheit aller Tätigkeiten der Gesamtführungsaufgabe, welche die Datenqualitätspolitik, die Datenqualitätsziele und die Verantwortungen für die Datenqualität festlegt"*[30].

Die bisherigen Ausführungen des Qualitätsmanagements liefern die Basis für die im Rahmen dieser Arbeit geltenden Definition des Begriffs Datenqualitätsmanagement:

Definition *Datenqualitätsmanagement:* Aufeinander abgestimmte Tätigkeiten, zum Leiten und Lenken einer Organisation, die zu einer umfassenden Datenqualität führen. Die Erfassung, Sicherstellung und Verbesserung der Datenqualität kann über Data Profiling und Data Cleansing gewährleistet werden.

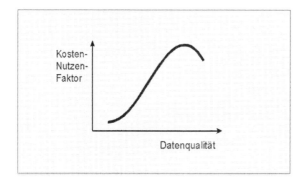

Abbildung 2.4: Kosten-Nutzen-Faktor der Datenqualität

Das Datenqualitätsmanagement ist als Instrument der Unternehmensleitung zu verstehen, um den Kosten-Nutzen-Faktor der Produktion von guter Datenqualität zu optimieren. Hierbei ist darauf zu achten, dass sowohl mangelhafte Datenqualität als auch Maßnahmen zur Verbesserung der Datenqualität Kosten verursachen. Bei alledem dürfen die Kosten für die Beschaffung sowie Aufbereitung der Daten, nicht den zu erwarteten Nutzen übersteigen. Die Datenqualität geht somit unmittelbar in die Betriebskosten einher. Die Abbildung 2.4 zeigt den Gesamtnutzwert guter Datenqualität in Abhängigkeit der dafür aufzubringenden Kosten. Die Kosten, um auch zum Ende alle DQ-Mängel zu beseitigen, steigen sehr stark an, da ausschließlich unsystematische Fehler auftreten werden. Demgegenüber ist der Nutzen, der eine geringe DQ-Mängelquote mit sich bringt, im Normalfall verhältnismäßig gering. Weiterhin ist festzuhalten, dass zum einen sich die Quantifizierung des Nutzens von

---

[30] Vgl. Helfert, 2002, S.101.

Daten als schwierig gestaltet, und zum anderen sich die Auswirkungen von auf Daten basierenden Managemententscheidungen oft nicht monetär ausdrücken lassen. Demzufolge würde ein Risiko-Assessment an dieser Stelle Abhilfe schaffen.

Im Prinzip ist daher der Gedanke nicht fremd, dass das Managen von Datenqualität eine kontinuierliche Aufgabe und ein wesentlicher Bestandteil des Risikomanagements ist (siehe hierzu unter anderem Kapitel 5, Seite 57).

2.4 Metadaten und Metadaten-Management

Unter Metadaten versteht der allgemeine Sprachgebrauch jegliche Daten, die Informationen über weitere Daten enthalten. Die Metadaten sind meist strukturierte Daten, mit deren Hilfe eine Informationsressource beschrieben und dadurch besser auffindbar gemacht wird.

Von Tim Berners-Lee, dem Erfinder des WWW und Direktor des WWW Consortiums (W3C), stammt die Definition: *„Metadaten sind maschinenlesbare Informationen über elektronische Ressourcen oder andere Dinge."* Das Wort ‚meta' stammt aus dem Griechischen und bedeutet so viel wie nach oder hinter. Damit sind Metadaten Daten, die nach den ursprünglichen Daten entstanden sind und diese beschreiben respektive über die Aussagen der ursprünglichen Daten hinausgehen.[31] Des Weiteren ist eine Differenzierung zwischen Metadaten und konventionellen Daten nicht möglich, da die Bezeichnung eine Frage des Standpunkts ist. In diesem Zusammenhang ist es daher hilfreich, den ‚Zweck' als Begriff einzuführen.

Für den Rahmen dieser Arbeit soll allerdings, sofern nicht anders angegeben, eine eingeschränkte und differenzierte Definition von Metadaten gelten, die besser an das Umfeld der Datenqualitätsprozesse und des Datenqualitätsmanagements angepasst ist:

Definition *Metadaten*: Mit *Metadaten* werden jene Daten und Fakten bezeichnet, die üblicherweise zur Beschreibung und Spezifikation des Datenqualität-Status verwendet werden. Beispiele solcher Metadaten sind: Berichte aus dem Data Cleansing, Datenabgleich und Error-Tracking.

In der Literatur werden Metadaten meist nur in *technische* und *geschäftliche* Metadaten unterteilt.[32] Die Metadaten – an dieser Stelle kann die allgemeinere Definition gelten – können differenzierter in vier unterschiedliche Kategorien klassifiziert werden: Dabei fallen die oben als Beispiel genannten Metadaten in die

---

[31] In der Informatik hat sich in diesem Zusammenhang der Begriff der Meta-Suchmaschine eingebürgert, der eine Suchmaschine beschreibt, die selber gar nicht direkt nach Begriffen sucht, sondern andere Suchmaschinen verwendet, um aus verschiedenen Resultaten ein umfassendes Resultat zu generieren.

[32] Eine Begründung dieses Ansatzes liefert die Quelle: Marco David; Managing Meta Data; DM Direct March 1998, http://www.dmreview.com/ am 3.08.2007.

Kategorie der *operativen* Metadaten. Diese Art von Metadaten werden in den heutigen Unternehmen am meisten gepflegt. Bereits etwas weniger sorgfältig gepflegt werden alle Arten von *Struktur*-Metadaten oder statischen Metadaten. Der Grund dafür ist, dass Struktur-Metadaten lediglich eine bestimmte Architektur beschreiben und weit vom profanen Betrieb Anwendung finden. Neben den *Begriffs*-Metadaten haben in den letzten Jahren, die *Prozess*-Metadaten oder dynamischen Metadaten in mehreren und größeren Unternehmen immer mehr an Bedeutung gewonnen. Hierunter werden alle Metadaten verstanden, die sich um Prozesse in einem Unternehmen drehen. Das sind nicht nur die Geschäftsprozesse, sondern auch die darunterliegenden IT-Prozesse. Mit einem Metadaten-Management ist die Voraussetzung geschaffen, eine Verbesserung der Datenqualitätsprozesse zu erreichen. Mit Hilfe von konstruktiven Prozess-Metadaten gilt es schließlich, die Transparenz und Flexibilität der Datenqualitätsprozesse zu intensivieren, um eine fundierte Aussage bezüglich des Datenqualität-Status zu erhalten.

Die folgenden Gesichtspunkte sollen nochmals die Notwendigkeit eines Metadaten-Managements in einem Unternehmen unterstreichen:

- Neue und verbesserte Nutzung alter und konventioneller Daten in herkömmlichen Datenqualitätsmanagementsystemen[33].

- Eine inhaltliche Verknüpfung der Daten führt zu einer Aussage über den Datenqualität-Status.

- Die Konsolidierung der Daten führt zur Kostenreduktion.

- Verzahnung der technischen und fachlichen Anforderungen an den Daten.

- Verbesserung von Managemententscheidungen, da das Verständnis von überlappenden Geschäftsbereichen intensiviert wird.

2.5 Zusammenfassung

An dieser Stelle soll ein Überblick über die zentralen Erkenntnisse dieses Kapitels dargestellt werden. Zunächst wurde anhand der Abbildung 2.1, mit Wissen jenes zentrale Konzept erläutert, welches hinter den oben definierten und abgegrenzten Begriffen steht. Wissen wurde als die höchste Abstraktionsstufe des Gesamtmodells: Daten, Information und Wissen eingeführt. Aufbauend darauf wurde dann in Abschnitt 2.2 der Begriff der Datenqualität, über die verschiedenen Qualitätsauffassungen hergeleitet, der bis dorthin noch nicht näher spezifiziert worden war. Der Qualitätsbegriff wurde daher allgemein und im Bezug auf Information erklärt. Es zeigte sich, dass der Begriff durch eine Vielzahl von Qualitätsmerkmalen beschrieben wird, die zwar interferieren, aber in keiner Weise in eine einheitliche

---

[33] Unter einem Datenqualitätsmanagementsystem (DQMS) versteht man ein System zur Durchführung des DQM. Dieses sollte – soweit möglich – softwaregestützt sein.

Beschreibung oder Definition konsolidieren. Allgemein werden dennoch Korrektheit, Vollständigkeit, Konsistenz und Aktualität als Qualitätskriterien für Daten aufgeführt.

Für den Terminus Datenqualität sind in der Literatur gänzlich heterogene Begriffsdefinitionen auf unterschiedlichen Abstraktionsebenen anzutreffen. Dementsprechend wurden für die vorliegende Arbeit weiterhin konsistente Begriffserläuterungen präsentiert. Die Daten haben folgerichtig dann eine hohe Qualität, wenn die vom Nutzer gestellten Anforderungen an den Daten auch zum richtigen Zeitpunkt erfüllt werden. Es stellte sich heraus, dass Qualität namentlich von weichen Faktoren, wie dem Können und Willen, der in den Prozessen beteiligten Mitarbeiter abhängt (siehe 2.2, Seite 14).

In Abschnitt 2.3 wurde basierend auf das Qualitätsmanagement das Datenqualitätsmanagement eingeführt. An dieser Stelle wurde daher der Regelkreis des Qualitätsmanagements vorgestellt und in Bezug auf Daten erörtert. Darüber hinaus wurde der Kosten-Nutzen-Faktor der Produktion von guter Datenqualität tangiert, bei dem das Managen von Daten als eine kontinuierliche Aufgabe zu verstehen ist. Abschließend wurde das Metadaten-Management (siehe 2.4, Seite 21) als jenes Konzept vorgeschlagen, mit der eine Qualitätsverbesserung der Datenqualitätsprozesse erreicht wird.

Kapitel 3

Risikomanagement in der IT

Wie in Kapitel 1 gezeigt wurde und insbesondere aus dem Abschnitt 1.1 hervorgeht, lassen sich demnach Verpflichtungen für das Risikomanagement in der IT ableiten. Die Notwendigkeit eines Risikomanagements wurde aus gesetzlicher und aufsichtsrechtlicher Sicht diskutiert. Es besteht die latente Gefahr, dass eine bestimmte unternehmenskritische Prozessentscheidung, diverse unerwünschte – zumindest jedoch suboptimale – Auswirkungen zur Folge haben könnte (siehe Abschnitt 2.3). Um eine bestimmte Entscheidung treffen zu können, und dabei die impliziten Risiken von Fehlentscheidungen zu vermeiden oder zu minimieren, sind also Informationen von guter Qualität erforderlich (siehe Abschnitt 2.2). Hierbei ist zu beachten, dass für die Beschaffung von guter Information Kosten entstehen sowie zur Verarbeitung nur begrenzte Ressourcen zur Verfügung stehen. Ein idealer Kosten-Nutzen-Faktor der Produktion von guter Datenqualität führt somit nicht nur zum Wettbewerbsvorteil, sondern wäre zusätzlich von Vorteil, um sich mit dem Unternehmen jederzeit in eine Win-Win-Situation zu begeben.

Bekannte Risiken aus der IT[1] sind unter anderem: Validierung einer Middleware, Ausfall einer IT-Anlage, mangelnde Wettbewerbsfähigkeit durch veraltete Systeme oder mangelhaft integrierte Systeme, Konsolidierung von dezentralen und heterogenen Systemen, Abhängigkeiten von Herstellern und die Datensicherheit. Wie diese Beispiele zeigen, weist die IT ein besonders hohes Risikopotential auf, so dass dem Risikomanagement signifikante Aufgaben auferlegt werden müssen.

Die folgenden Abschnitte dienen daher dazu, die Besonderheiten der einzelnen Schritte des Risikomanagements aufzuzeigen.[2] Mit Abschnitt 3.1 werden zunächst einmal die begrifflichen Grundlagen für dieses Kapitel gelegt. Basierend darauf soll der Regelkreis des Risikomanagements (siehe Abschnitt 3.2) als Ausgangspunkt dienen, um das Verständnis für die Verfahren und Methoden der jeweiligen Schritte eines Risikomanagementprozesses zu steigern. Darauf aufbauend wird der Risikomanagementprozess in Abschnitt 3.3 vorgestellt, dem anschließend mit Abschnitt 3.4 ein Exkurs über die Reifegradmodelle folgt.

---

[1] Nach Gaulke, 2004, S.18 lassen sich die IT-Risiken auf der konzeptionellen Ebene in *permanente* und *temporäre* Risikobereiche kategorisieren.

[2] Weitere Ausführungen zum Thema ‚Risikomanagement' liefert die Quelle: The Risk Management Network; http://risknet.de/ am 01.07.2007.

3.1 Begriffliche Grundlagen

In diesem Abschnitt werden die Begriffe ‚IT-Risiko' und ‚IT-Risikomanagement' näher erläutert und in den Kontext dieser Arbeit gestellt. Ferner werden die hier besprochenen Begriffe in den folgenden Abschnitten ausführlich behandelt. Als Ausgangspunkt soll wie so oft die Definition des Wortes ‚Risiko' dienen:

Ein *Risiko*[3] ist ein Ereignis, von dem nicht sicher bekannt ist, ob es eintreten und/oder in welcher genauen Höhe es einen Schaden verursachen wird. Es lässt sich aber eine Wahrscheinlichkeit für den Eintritt dieses Ereignisses (Risikowahrscheinlichkeit) und/oder für die Höhe des Schadens (Schadenswahrscheinlichkeit) angeben.[4] Die für diese Arbeit geltende Definition ist daran angelehnt. In der Literatur finden sich viele Definitionen für den Begriff ‚Risiko' wieder, aber es existiert keine Allgemein akzeptierte. Wenn diesem Umstand nicht Rechnung getragen wird, und stattdessen nur das Wesentliche in den Definitionen fokussiert wird, lassen sich in allen Auslegungen zwei Charakteristika erkennen: Zum einen die Unsicherheit (ein Ereignis kann oder kann nicht eintreten), und zum anderen der Verlust (ein Ereignis hat unerwünschte Auswirkungen).

Ein Risiko lässt sich nicht auf trivialer Weise einschätzen, weil die Eintrittswahrscheinlichkeit und die Risikofolgen in der Regel nicht messbar sind und mittels statistischer oder anderer Verfahren bewertet werden müssen. Ein *mathematischer Ansatz* definiert den Begriff als Produkt aus dem Schadensausmaß des Ereignisses (A) und dem Grad für die Möglichkeit seines Eintretens (Eintrittswahrscheinlichkeit P).

$$\text{Risiko} = P \times A$$

Im Allgemeinen steigt das Risiko mit zunehmender Wahrscheinlichkeit[5] oder zunehmenden Auswirkungen. Aus diesem Grund müssen die Risikowahrscheinlichkeiten und die Auswirkungen beim Risikomanagement berücksichtigt werden. Die Auswirkungen eines Risikos sollten zwischen den konkurrierenden Größen des magischen Dreiecks[6] unterschieden werden.

Für den Rahmen dieser Arbeit soll nun folgende Definition für den Begriff ‚IT-Risiko' genügen:

---

[3] Die Herkunft des Begriffes ist nicht eindeutig geklärt. Etymologisch soll sich der Begriff aus der Seefahrt herleiten, im Sinne von „eine Klippe umschiffen". In der Literatur häufig anzutreffende Interpretationen sind einerseits, dass das Wort ‚Risiko' ursprünglich vom italienischen ris(i)care (‚Gefahr laufen, wagen') stammt oder andererseits auf das arabische Wort قزر (*rizq* ‚Lebensunterhalt, tägliches Brot') zurückzuführen ist.

[4] Vgl. auch Schnorrenberg/Goebels, 1997, S.6.

[5] Es soll die Möglichkeit des Eintritts eines Ereignisses (Risiko) oder Zustands (Schadenshöhe) ausdrücken. Die Wahrscheinlichkeit reicht von 0% (‚trifft nicht ein') bis 100% (‚trifft ein').

[6] Mit dem magischen Dreieck bezeichnet man die untereinander konkurrierenden Größen: Termin, Qualität und Kosten. Würde man diesbezüglich ein Dreieck aufzeichnen, so wären die drei Größen die Eckpunkte des Dreiecks.

Definition *IT-Risiko*: Unter einem *IT-Risiko* versteht man die Unfähigkeit, anforderungsgerechte IT-Leistungen effektiv und effizient erbringen zu können.[7]

Operationelle Risiken[8] – zu denen unter anderem auch die IT-Risiken zählen – stellen eine ursprüngliche Form der Geschäftsrisiken dar, die aus dem Geschäftsablauf heraus entstehen. Wie schon aus dem Motivationsteil dieser Arbeit hervorgeht (siehe Kapitel 1, Seite 1), sollten diese komplexen Risiken an sich planvoll gemanagt werden. Die Komplexität entsteht dadurch, dass verschiedene Risikoursachen für ein Risikoereignis verantwortlich sein können.

Vorweg ist darauf hinzuweisen, dass in der Literatur diverse Auffassungen des Begriffs *Risikomanagement* anzutreffen sind. Daher werden an dieser Stelle nur einige ausgewählte Begriffsbestimmungen vorgestellt. Nach Wallmüller lässt sich der Begriff ‚Risikomanagement', als *„ein systematischer Prozess zur Identifikation, Analyse und Kontrolle im Sinne von Überwachung und Steuerung von Risiken in Projekten oder Organisationen"*[9] definieren. In der DIN 62198 wird der Begriff dagegen sehr abstrakt definiert, als die *„systematische Anwendung von Managementgrundsätzen, -verfahren und -praktiken zwecks Ermittlung des Kontextes sowie Identifikation, Analyse, Bewertung, Steuerung/Bewältigung, Überwachung und Kommunikation von Risiken."* Dies aufgreifend, kann die nachfolgende Definition in Anlehnung an Gaulke aufgestellt werden:

Definition *IT-Risikomanagement*: Ein *IT-Risikomanagement* umfasst „alle systematischen Maßnahmen zur rechtzeitigen Erkennung, Bewertung und Bewältigung von potentiellen Risiken"[10].

Die Notwendigkeit eines Risiko-Assessments ergibt sich aus der Tatsache, dass sich Einzelrisiken kumulieren und in Wechselwirkung mit anderen Risiken befinden können. Der nächste Abschnitt zeigt daher die wichtigsten Schritte im Risikomanagementprozess auf, und stellt einen Bezug zu weiteren Methoden her.[11]

3.2 Regelkreis des Risikomanagements

Nach Seibold wird zwischen einem strategischen und einem operativen Risikomanagement unterschieden. Das *strategische* Risikomanagement beinhaltet die

---

[7] Vgl. Seibold, 2006, S.11.
[8] Der Basler Ausschuss für Bankenaufsicht definiert das operationelle Risiko als „die Gefahr von Verlusten, die in Folge der Unangemessenheit oder des Versagens von internen Verfahren, Menschen und Systemen oder in Folge von externen Ereignissen eintreten. Diese Definition schließt Rechtsrisiken ein, beinhaltet aber nicht strategische Risiken oder Reputationsrisiken."
[9] Vgl. Wallmüller, 2004, S.10.
[10] Vgl. auch Gaulke, 2002, S. 6.
[11] Es sei darauf hinzuweisen, dass der Risikomanagementprozess kein isoliert ablaufender Prozess, sondern im Zusammenhang mit dem Datenqualitätsprozess zu assimilieren ist (siehe hierzu Kapitel 5).

Grundsätze zur Behandlung von Risiken, die Risikokultur sowie die Methodik. Im Gegensatz dazu ist das *operative* Risikomanagement ein kontinuierlicher Prozess, der Aktivitäten zum systematischen Umgang mit Unternehmensrisiken umfasst.[12]

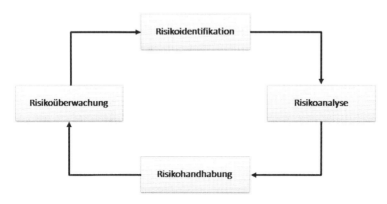

Abbildung 3.1: Klassischer Regelkreislauf eines Risikomanagement-Systems[13]

Das Vorgehensmodell des Risikomanagementprozesses besteht aus vier essentiellen Grundbausteinen: Risikoidentifizierung, Risikoanalyse, Risikohandhabung und Risikoüberwachung. Diese vier grobgranularen Elemente des Prozesses werden ständig iterativ durchlaufen, um die relevanten Daten des Unternehmens zu aktualisieren. Der implementierte Regelkreis wird auch *Risikomanagement-System* genannt. Eine Vielzahl der Risikomanagementprozesse bestehen aus den in der Abbildung 3.1 dargestellten, generischen Aufgaben (Schritten). Darüber hinaus basiert ein Risikomanagement-System auf dem PDCA-Zyklus[14], dass den fest definierten Phasen des Kreislaufs unterliegt. Diese Phasen werden später näher beschrieben (siehe hierzu Kapitel 5, Seite 57). „Die Autoren Ibers/Hey heben hervor:

> *„Der Kreislauf darf nicht als geschlossenes System, sondern muss als **offener Prozess** [Hervorhebung durch den Autor] verstanden werden.“*[15]

Die einzelnen Phasen des Kreislaufs stellen eine logische als auch eine chronologische Sequenz dar, an der sich auch der Aufbau der weiteren Unterabschnitte orientiert.

---

[12] In Anlehnung an den Ausführungen von Seibold, 2006, S.11-12 oder vgl. auch mit Romeike, 2003, S.287.
[13] Vgl. hierzu beispielsweise die Darstellung von Gaulke, 2004, S.9 oder auch Lüssem, 2006, S.150.
[14] Nähere Erläuterungen zu diesem Konzept sind dem Abschnitt 4.2 zu entnehmen.
[15] Vgl. Ibers/Hey, 2005, S.71.

3.2.1 Risikoidentifikation

Die Risikoidentifikation ist der erste wesentliche Schritt in dem Regelkreismodell. Eine systematische Identifikation der wesentlichen Risiken und ihrer Ursachen ist neben eines ausgereiften Data-Ownership-Konzeptes (siehe Abschnitt 4.1), die Basis für das erfolgreiche Ergreifen von Gegenmaßnahmen. Die einzelnen Schritte sowie Anforderungen an dieser Phase sind unter anderem:[16]

- Die Durchführung des Risiko-Assessments stellt einen permanenten Prozess dar.

- Die systematische Risikoidentifikation sollte unter Anwendung geeigneter Verfahren erfolgen.

- Eine vollständige Identifikation erfolgt durch definierte Risikoattribute.

- Für die Beschreibung der identifizierten Risiken sind sämtliche Datenquellen zu nutzen, vor allem sind jegliche Mitarbeiter in den Prozess zu integrieren.

- Eine zeitnahe Kommunikation und Diskussion über die identifizierten Risiken ist zu gewährleisten.

Kollektionsmethoden	Suchmethoden	
	Analytische Methoden	Kreativitätsmethoden
• Checkliste • SWOT-Analyse • Self-Assessment • Risikoidentifikationsmatrix • Interview, Befragungen • Meetings • Moderierte Workshops	• Fragenkatalog • Morphologische Verfahren • FMEA • Baumanalyse	• Brainstorming • Brainwriting • Delphi-Methode • Synektik • Methode 635 • Discussion 66

Vorwiegend geeignet zur Identifikation bestehender und offensichtlicher Risiken	Vorwiegend geeignet zur Identifikation zukünftiger und bisher unbekannter Risikopotentiale (proaktives RM)

Abbildung 3.2: Übersicht der Methoden zur Risikoidentifikation[17]

---

[16] Der folgende Passus ist an den Ausführungen von Wallmüller, 2004, S.134 sowie Schmitz/ Wehrheim, 2006, S.52 angelehnt.

[17] Quelle: Eigene Darstellung in Anlehnung an Romeike, 2003, S. 174.

Die Liste der in der Literatur aufzufindenden Methoden zur Risikoidentifizierung ist lang, so dass mit der Abbildung 3.2 lediglich ein Extrakt der wesentlichen Instrumente illustriert werden soll. Bei der Identifikation von Risiken haben sich in der Praxis zwei Techniken etabliert. Einerseits sind dieses Brainstorming-Techniken, bei denen die Kreativität der Projektmitarbeiter aktiviert wird. Andererseits Risikochecklisten, die in der Literatur in großer Fülle wiederzufinden sind und die Aufgabe haben, typische Risiken zu inspizieren.

Unter dem Begriff *Brainstorming* ist eine Reihe von Methoden-Varianten zur intuitiven Ideenfindung zusammengefasst, die die Generierung von innovativen, ungewöhnlichen Ideen in einer Gruppe von Menschen fördern soll. Im Gegensatz dazu, ist das *Brainwriting* eine Kreativitätstechnik, welche aus dem Brainstorming entwickelt worden ist. Das charakteristische Merkmal dieser Methode ist, das jeder Teilnehmer die Möglichkeit hat, seine Ideen mit Besonnenheit schriftlich zu fixieren. Ähnlich wie beim Brainstorming wird das Brainwriting eingesetzt, um Risiken, Ideen- und Lösungsvorschläge zu finden. Die *Risikochecklisten* stellen keine Kreativitätstechnik dar, sondern dienen als eine Art Orientierung für das Identifizieren von Risiken. Die Checklisten implizieren einen Risikokatalog, bei der die unterschiedlichsten Risikoarten[18] beleuchtet werden. Hierbei kann eine duale oder auch eine ordinale Ausprägung der computergestützten Checklisten präferiert werden.

Nach wie vor ist diese Phase als Grundstein des Risikomanagements aufzufassen, weil die Effektivität der weiteren RM-Bestrebungen auf einer, möglichst vollständigen Erfassung aller Risiken basieren. Weiterhin ist ein entscheidender Faktor für ein wirkungsvolles Risikomanagement, die Qualität des Datenmaterials ad hoc zu garantieren.[19]

3.2.2 Risikoanalyse

Die Risikoanalyse erfolgt auf Basis der identifizierten Risiken. Es ist einer der schwierigsten Schritte im Prozess, da an dieser Stelle sämtliche Auswirkungen der Risiken zu berücksichtigen sind.[20] Die Risikoanalyse sollte daher in den gesamten Planungsprozess eines Unternehmens integriert werden, das in der Regel effizient mit einer Top-down Strategie umgesetzt wird. Zusätzlich sollte dieser Ansatz aber mit einer Bottom-up Strategie kombiniert werden, um möglichst alle Risiken zu erfassen oder ferner die Korrelationen zwischen Einzelrisiken korrekt bewerten zu können.

---

[18] Um die Risiken besser strukturieren zu können, erfolgt eine Unterteilung in diverse Risikoarten, die da sind: Wirtschaftliche, Technische, Terminliche, Soziokulturelle, Politische oder Juristische Risiken.

[19] Vgl. auch Ibers/Hey, 2005, S.101.

[20] Es sei anzumerken, dass diese Phase die Funktion hat, die Ursachen diverser Qualitätsprobleme bei den Daten, die zu größeren Geschäftsrisiken führen, zu bestimmen.

Ein *Planungsprozess* besteht aus einer großen Anzahl von Einzelentscheidungen, deren Konsequenzen oft gar nicht oder nur schlecht zu prognostizieren sind. Es ist daher sehr schwierig, bei diversen auftretenden Problemen alle Handlungsalternativen und die damit verbundenen Risiken sowie den daraus folgenden Handlungsmöglichkeiten (usw.) zu erfassen. Um nicht an die Grenzen der eigenen kognitiven Kapazität zu gelangen, behilft man sich in der Praxis mit trivialen Realitätsmodellen, bei der wenige, wichtige Konsequenzen näher exploriert werden.

Das Hauptziel dieser Phase ist also die Priorisierung der Risiken, um im nächsten Schritt eine fundierte Aussage über Handlungsmaßnahmen (siehe Abschnitt 3.2.3) treffen zu können. Hierfür werden nun die Risiken anhand von *Risikoattributen*: Eintrittswahrscheinlichkeit, Schadenshöhe(n), Schadenswahrscheinlichkeit(en) und den Interdependenzen zwischen den Risiken bewertet und anschließend klassifiziert. Infolgedessen werden die Risiken in Risikoklassen segmentiert, um sich beim DQM (siehe Abschnitt 2.3) auf jene Risiken zu konzentrieren, von denen aus vorwiegend operative oder strategische Geschäftsrisiken induziert werden.

Bei den Bewertungsverfahren unterscheidet man zwischen qualitative Einschätzung und mathematisch-statistische Quantifizierung von Risikopotenzialen in Form von Wahrscheinlichkeitsangaben und Geldwerten.[21] Es ist anzumerken, dass es sich bei der Bewertung der Risiken, um viele subjektive Schätzungen handelt. Während für die Risikoidentifikation eher die Quantität entscheidend ist, also möglichst viele Risiken entdeckt werden sollen, fokussiert die Risikoanalyse die Qualität der Ergebnisse. Es findet eine Selektion der Risiken statt. Hierbei bedient man sich einer relativ einfachen Methode, dem *Risikoportfolio* (oder auch Riskmap genannt). Unter einem Risikoportfolio werden eine Menge von Risiken zusammengefasst, die gemeinsam koordiniert werden. Die Intention liegt hierbei nicht nur in einer unabhängigen Betrachtung der Risiken. Demnach ist es sinnvoll, jene Risiken zu einem Risikoportfolio zu bündeln, die

- vergleichbar sind,

- Abhängigkeiten zueinander haben,

- Synergien und Potentiale ergeben,

- präzise zugeordnet werden können.

Das Ergebnis dieser Verfahrensweise kann weiterhin als Indiz für die Unternehmensleitung dienen, mit dem schließlich dokumentiert wird, dass auch alle essenziellen, unternehmensweiten Risiken lokalisiert und deren reziproken Beziehungen adäquat taxiert worden sind.

Bei der Erstellung des Risikoportfolios fallen dabei keine komplizierten Berechnungen an und die Risiken werden übersichtlich präsentiert. Der einzige Aufwand

---

[21] Eine Übersicht über diverse Werkzeuge zur Risikoanalyse findet sich in der Quelle: Schmitz/ Wehrheim, 2006, S.83 wieder.

liegt in der Erfassung der Inputdaten für die graphische Darstellung der existenz-
gefährdenden Risiken. Eine wesentliche Schwäche dieses Ansatzes ist zum einen,
dass keine Gesamtrisikoaussage getroffen werden kann und zum anderen, nur von
geschätzten Wahrscheinlichkeitswerten und damit von keiner soliden Basis ausge-
gangen wird. Dieses Manko gilt es daher anhand eines Risiko-Assessments (siehe
Kapitel 6, Seite 69) zu nivellieren.

3.2.3 Risikohandhabung

Im Anschluss an die *Risikodiagnose* (Risikoidentifikation und Risikoanalyse) erfolgt
die Bestimmung der Risikobewältigungsstrategie (siehe Abbildung 3.3), die sich aus
der Unternehmensstrategie ableiten lässt.

Das Ziel dieser Phase ist es, die finanziellen Auswirkungen und/oder die Eintrittswahrscheinlichkeit des Risikos zu verringern. Assistiert werden diese Bestrebungen
durch das Konzept der Risiko-Hebelwirkung, dass jene Maßnahmen präferiert, die
den größten Payback für das Unternehmen bringen.[22] Aus diesem Grund bilden auch
die im Vorfeld analysierten und priorisierten Risiken, die Basis für eine effektive
Risikobehandlung. Im Weiteren führt auch eine frühzeitige Entdeckung der Risiken
zur Reduktion von Rework-Kosten, so dass sich dadurch der Unternehmenswert
simultan erhöht.

---

[22] In Anlehnung an den Ausführungen von Wallmüller, 2004, S.147.

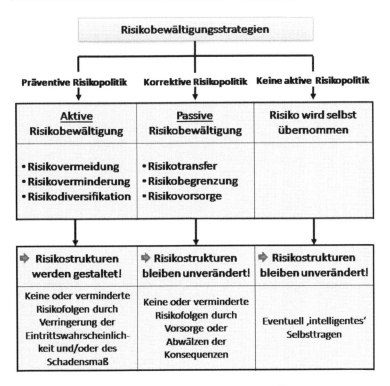

Abbildung 3.3: Übersicht über Risikobewältigungsstrategien[23]

3.2.4 Risikoüberwachung

Das Risikomanagement-System muss seinerseits permanent an die Unternehmenssituation assimiliert werden. Daher ist im Anschluss an die Risikoüberwachungsphase der Regelkreis erneut zu durchlaufen, das heißt, eine Analyse/Bewertung der Risiken muss stattfinden und für neu hinzugekommene Risiken, ist es erforderlich eine Risikobewältigungsstrategie zu planen.

Diese Phase bildet somit das Herzstück eines funktionierenden Kreislaufs, in der unter anderem auch der Risiko-Status mit Hilfe eines Soll/Ist-Abgleich im Metadaten-Management festgestellt und überwacht wird. Die umgesetzten Maßnahmen zur Reduktion respektive Vermeidung der Risiken werden hinsichtlich ihrer Wirksamkeit und ihres Nutzens regelmäßig kontrolliert. Man spricht auch von einem sogenannten *Monitoring* der erfassten Risiken. Darüber hinaus werden just in time

---

[23] Quelle: Eigene Darstellung in Anlehnung an Romeike, 2003, S.236.

im Rahmen eines Reviews weitere Risiken bezüglich der gesamten Risikosituation im Unternehmen identifiziert. Abschließend ist dann der Kreis durch ein erneutes Realisieren eines Risiko-Assessments zu schließen.

3.3 Risikomanagementprozess

Die für das Management erforderlichen Daten sind häufig in eine Reihe von nicht miteinander verbundenen Systemen oder in externen Datenquellen gespeichert. Daher werden beispielsweise mit Hilfe eines *ETL-Prozesses*[24] alle relevanten Daten aus diversen Systemen extrahiert und in eine einheitliche Zieldatenbank transformiert, um die Daten anschließend in eine Risikomanagementdatenbank laden zu können. Das Management greift permanent bei ihren prekären betriebswirtschaftlichen Unternehmensentscheidungen unter anderem auf die Risikomanagementdatenbank zu, so dass der gesamte Risikomanagementprozess letztendlich als "data-driven" zu interpretieren ist.[25] Ein Risiko-Assessment würde die Qualität der Daten sowohl in der Risikomanagementdatenbank als auch in den Quellsystemen deutlich verbessern. Obendrein wird das Vertrauen in die von der Risikomanagementdatenbank gelieferten Informationen gestärkt, so dass die Glaubwürdigkeit der Daten und den daraus resultierenden Managemententscheidungen nicht ohne weiteres untergraben werden kann.[26]

Eine wesentliche Voraussetzung für qualitativ, hochwertige Daten in der Risikomanagementdatenbank ist zudem die unternehmensweite Integration von Qualitätsregelkreisen (siehe Abschnitt 2.3). Neben der Symptom-orientierten Datenbereinigung sowie der ursachenorientierten Prozessoptimierung, kann auf diese Weise effizient und schnell auf Risiken im Unternehmen reagiert werden.

Die Implementierung eines unternehmensweiten Risikomanagement-Systems stellt somit eine große Herausforderung in der Bereinigung und Konsolidierung von Risiken in inkongruenten IT-Systemen dar. Folglich müssen die induzierten Risiken durch Daten entlang des Risikomanagementprozesses stets aktualisiert (sprich up-to-date sein) werden. Damit stellt der Statusbericht über die Risiken zu jeder Zeit einen echten Mehrwert an Information für die Unternehmensleitung dar.

Es ist daher nicht verwunderlich, dass der IT eine Schlüsselrolle bei der Realisierung eines Risikomanagement-Systems zukommt. Wie schon aus dem Abschnitt 3.2 hervorgeht, liegt der Fokus darauf, den Prozess als Kreislauf zu betrachten, was wiederum den Ansatz des kontinuierlichen Risikomanagements lanciert.

---

[24] Dieser Prozess ist durch die Bedeutung des Data-Warehousing bekannt. Weitere Erläuterungen sind folgender Quelle zu entnehmen: http://de.wikipedia.org/wiki/ETL am 13.08.2007.

[25] In Anlehnung an die Quelle: http://www.dgiq.de/_rubric/index.php ?rubric=Risikomanagement am 13.08.2007.

[26] Nähere Erläuterungen in Bezug auf Datenqualität sind dem Kapitel 5 zu entnehmen.

3.4 Reifegradmodelle

In diesem Abschnitt werden Best-Practice-Vorgehensweisen für die Initiierung eines Risiko-Assessments, aus allgemein anwendbaren Methoden zur Bewertung von Softwareentwicklungsprozessen, abgeleitet. Aufgrund der Relevanz für die vorliegende Arbeit wird auf das CMM ausführlich eingegangen. Ergänzend werden noch die Modelle BOOTSTRAP und SPICE skizziert. Vorweg sei noch zu erwähnen, dass mit der Liste der oben angeführten Modelle kein Anspruch auf Vollständigkeit zu erheben ist.

Wie schon in dem Motivationsteil der Arbeit erwähnt wurde, spielt die Datenqualität eine entscheidende Rolle im IT-Risikomanagement. Die Datenqualität wird im Wesentlichen durch die Qualität des Entwicklungsprozesses bestimmt, und wird daher auch am effektivsten und effizientesten dadurch gesteigert, dass die Qualität der Datenqualitätsprozesse gesteigert wird. Aus diesem Grund soll die Qualität der Datenqualitätsprozesse mit Hilfe von Best-Practice sowie Reifegradmodellen zunächst einmal greifbar gemacht werden.

3.4.1 Capability Maturity Model (CMM)

Das bekannteste, älteste und am weitesten verbreitete Reifegradmodell ist das bereits erwähnte *Capability Maturity Model* (CMM)[27]. Das Software Engineering Institute (SEI) an der Carnegie Mellon Universität in Pittsburgh entwickelte das Modell mit dem Ziel, die Softwarepraktiken in der amerikanischen Industrie zu verbessern.

Das CMM[28] ist ein Modell – das eine abstrakte Beschreibung eines Teils der natürlichen Welt ermöglicht – mit dem man in der Lage ist, den Reifegrad (Maturity Level) eines IT-Prozesses zu spezifizieren. Als Reifegrad wird dabei das Ausmaß verstanden, in dem die IT-Prozesse definiert, dokumentiert, geplant, gesteuert und kontrolliert werden.[29] Das Modell dient als Vergleichsmaßstab, um gezielt ein Stärken-Schwächen-Profil für die Prozesse bestimmen zu können. Dieser Benchmark kann zum einen als Basis zur Verbesserung der eigenen Organisation eingesetzt werden, und zum anderen noch zur besseren Abschätzung der benötigten Ressourcen, wie Zeit, Personal und Geld dienen. Zu diesem Zweck ist jedoch der Standpunkt des Unternehmens zu bestimmen. Ferner ist auch die Qualität zu bewerten, die die Prozesse bis dato selbst erreicht haben.

CMM bietet an dieser Stelle einen Kriterienkatalog an, nach dem ein einzelner Prozess oder das gesamte Unternehmen in Reifestufen gegliedert werden kann (vergleiche hierzu Tabelle 3.1):

---

[27] Das mittlerweile in verschiedenen Varianten weiter entwickelte Modell ist öffentlich verfügbar. Siehe auch hierzu die Quelle: http://www.sei.cmu.edu/cmm/ am 18.08.2007.

[28] Siehe hierzu beispielsweise die Ausführungen der Quelle: http://page.mi.fu-berlin.de/~prechelt/swt2/node41.html am 20.08.2007.

[29] Vgl. Gaulke, 2004, S. 25.

	Reifegrad	Prozesscharakteristik
1	Initial (initial)	Die Prozesse sind ad-hoc, die Umgebung chaotisch. Erfolge hängen meistens von den Heldentaten einzelner ab und sind häufig nicht reproduzierbar.
2	Wiederholbar (repeatable)	Einfaches Projektmanagement wird eingesetzt, um Kosten und Zeitpläne zu überwachen. Eine Prozessdisziplin sichert das Vorgehen entsprechend etablierter Verfahren, wodurch frühere Erfolge wiederholt werden können. Kosten und Qualität fluktuieren, während die Zeit kontrollierbar ist.
3	Definiert (defined)	Ein Satz von firmeneinheitlichen Prozessen wird gut verstanden und ist in Standards, Methoden, Prozeduren und Werkzeugen umgesetzt; diese sind auf den jeweiligen Kontext zugeschnitten. Kosten und Zeiten sind akzeptabel zu bewerten, während die Qualität weiterhin fluktuiert.
4	Verwaltet (managed)	Die Prozesse sind durch präzise Maße quantitativ prognostizierbar. Ein Prozess kann ohne wesentliche Verluste oder Diskrepanzen gegenüber Standards an ein anderes Projekt assimiliert werden.
5	Optimierend (optimizing)	Stetige Verbesserung der Prozessperformanz. Lernvorgänge werden durch neue Mittel und Wege schnell und übergreifend durchgesetzt. Das Tailoring an Veränderungen und Gelegenheiten wird weitgehend automatisiert.

Tabelle 3.1: Die fünf Stufen des Capability Maturity Model[30]

Die Reifestufen werden nun aus Sicht des Datenqualitätsmanagements betrachtet. Hierbei stellt sich die Frage, welches Maß an Datenqualität den Managern auf den diversen Reifestufen zur Verfügung steht.

Auf der *Stufe* 1 ist der gesamte Datenqualitätsprozess für das Management intransparent, da die Prozesse wenig oder gar nicht definiert sind. Die Qualität der Daten hängt von der Kompetenz einzelner Mitarbeiter ab. Auf *Stufe* 2 ergeben sich für das Management vereinzelt Einblicke in die Datenqualitätsprozesse. Dies ermöglicht es

---

[30] Quelle: Eigene Darstellung in Anlehnung an die Quelle:
http://de.wikipedia.org/wiki/Capability_Maturity_Model am 21.08.2007.

eventuell eine Evaluation der Datenqualität vorzunehmen, um auf aufgetretene Probleme (reaktiv) reagieren zu können. Auf *Stufe* 3 wird dann die interne Struktur der Prozesse sichtbar, da die Prozesse definiert und somit transparenter werden. Die Mitarbeiter verstehen ihre Rollen im Datenqualitätsprozess nutzbringender, so dass ein vorzeitiges Taxieren von Risiken samt Präventivmaßnahmen realisierbar wird. Auf *Stufe* 4 wird die Einsicht in die Prozesse von der qualitativen auf die quantitative Stufe gehoben. Dadurch wird eine bessere Entscheidungsgrundlage für eine präzisere Prognose der Datenqualitätsprobleme gewährleistet. Der Datenqualitätsprozess wird fortan beherrscht. Auf *Stufe* 5 – die höchste Stufe im Modell – liegt schließlich das Hauptaugenmerk auf die kontinuierliche Verbesserung der Datenqualitätsprozesse. Hierzu zählt sowohl die systematische Auswahl und Einführung von Verbesserungen als auch die systematische Analyse von noch auftretenden Fehlern und Problemen.

Die Reife impliziert ein potenzielles Wachstum in Bezug auf die Prozessfähigkeit und zeigt die Güte eines organisationsbezogenen Datenqualitätsprozesses auf. Je mehr ein Unternehmen an Reife zunimmt, desto stärker werden die Datenqualitätsprozesse durch Regeln, Standards und organisationsbezogene Strukturen institutionalisiert. Hierzu zählen neben dem Aufbau eines prädestinierten Datenqualitätsmanagements (siehe Kapitel 4) und einer Unternehmenskultur, den Fortbestand der Datenqualitätsprozesse zu sichern.

Es ist zu beachten, dass die Anforderungen des CMM kumulativ sind, das heißt, um von einer Reifegradstufe auf die nächste höhere zu gelangen, müssen alle Ziele innerhalb einer aktuellen Reifegradstufe erfüllt sein. Mit steigendem Reifegrad steigt die Qualität der Daten und gleichzeitig sinkt mit steigendem Reifegrad das Risiko, dass eine Fehlentscheidung vom Management – aufgrund unzureichender Datenqualität – getroffen werden kann.

3.4.2 BOOTSTRAP

BOOTSTRAP wurde im Rahmen eines Esprit-Projektes Anfang der 90er Jahre als kontinuierliches Modell entwickelt und entspricht der europäischen Methode zur Softwareprozeß-Verbesserung. Die vom Bootstrap Institute entwickelte Methode – ist das europäische Gegenstück zum amerikanischen CMM – basiert aber auf das CMM als Referenzmodell sowie dem Prozessmodell für Softwareentwicklungsprozesse der European Space Agency. Ferner berücksichtigt BOOTSTRAP darüber hinaus weitere Standards, wie in etwa die Qualitätsnormen ISO 9001 und ISO 9000-3 sowie ISO 12207 (Software life cycle processes). Des Weiteren ist BOOTSTRAP noch zu ISO 15504 kompatibel (siehe Abschnitt 3.4.3), von der die Methode auch weitgehend abgelöst worden ist. Dies liegt zum einen daran, dass Unternehmen die dieses Modell nutzen wollten, eine Lizenz vom Bootstrap Institute erwerben und dementsprechend fortlaufend zahlen mussten. Beim CMM dagegen zahlen die Firmen „nur" für Schulungen und den offiziell durchgeführten Assessments.

Bootstrap bestimmt nicht wie CMM nur einen Reifegrad, sondern berechnet die Erfüllung aller einem jeweiligen Level zugeordneten Kriterien anhand eines Linearisierungsalgorithmuses aus den Einzelkriterien. Ein Stärken-Schwächen-Profil diagnostiziert nicht nur den Ist-Zustand eines Softwareentwicklungsprozesses, sondern erlaubt noch eine detailliertere sowie gezieltere Aufstellung von Aktionsplänen (Maßnahmenkatalog), die allgemeine Probleme oder einen Verbesserungsbedarf aufspüren. Dieses Profil kann insbesondere als Self-Assessment für eine ISO 9001-Zertifizierung verwendet werden. Ein *Audit*[31] – das häufig im Rahmen eines Qualitätsmanagements erfolgt – kann zusätzlich zu einer extensiveren Beurteilung herangezogen werden, um die Prozessabläufe auch hinsichtlich der Erfüllung der Anforderungen und Richtlinien zu bewerten. Bei alledem wird das Audit den Anforderungen eines sehr effizienten Prüfmittels gerecht, da es rechtzeitig und objektiv auf Prozessprobleme aufmerksam macht und dazu noch korrektive Maßnahmen herbeiführt. Das Audit ist also ein Instrument zur Aufdeckung von Schwachstellen, zur Anregung von Verbesserungen und zur Überwachung der eingeleiteten QM-Maßnahmen.[32]

3.4.3 SPICE (ISO 15504)

Unter dem Projektnamen *SPICE* (Software Process Improvement Capability dEtermination) wurde ein ISO-Standard erarbeitet, der einen vereinheitlichten Rahmen für verschiedene Modelle wie CMM und BOOTSTRAP zur Vorgehensweise bei Assessments vorgibt. Indes wollte man mit SPICE die Bewertung von Schlüsselprozessen ermöglichen, anstatt die gesamte Organisation zu bewerten. Die Kernpunkte dieser Norm bilden einerseits die Verbesserung von Prozessen der eigenen Organisation (Process Improvement) und andererseits die Bestimmung der Prozessfähigkeit von Lieferanten (Capability Determination). Ein weiteres wichtiges Element dieser Norm sind die Prozessbeurteilungen (Process Assessment), welche anhand von zweidimensionalen Referenz- und Assessment-Modellen durchgeführt werden.

Zunächst werden hierfür die Prozesse in fünf Kategorien segmentiert, die da sind: Customer Supplier, Engineering, Support, Management und Organisation. Bei der Prozessbeurteilung dient die „Prozess-Dimension" zur Kennzeichnung und Auswahl der zu untersuchenden Prozesse und die „Reifegrad-Dimension" dient der Bestimmung und Bewertung ihrer jeweiligen Leistungsfähigkeit. Für die Auswertung werden dann beide Dimensionen aggregiert, indem für den zu untersuchenden Prozess, Bewertungen in Form der Erfüllungsgrade der neun Prozessattribute ermittelt werden, woraus sich dann im Anschluss der Reifegrad für diesen Prozess ergibt. Ein Stärken-Schwächen-Profil – aus dem alle Verbesserungspotenziale

---

[31] Als Audit werden allgemein Untersuchungsverfahren bezeichnet. Der Begriff stammt ursprünglich aus dem Lateinischen (‚Anhörung'), wurde aus dem Englischen übernommen und heißt soviel wie Buchprüfung, Revision des Rechnungswesens oder Rechenschaftslegung (Auditor=Revisor).

[32] Vgl. hierzu Pfeifer, 1996, S. 401.

erkennbar werden – resultiert aus der Gesamtheit aller untersuchten Prozesse. Die Charakterisierungen des jeweils nächst höheren Reifegrades deuten auf Verbesserungsmöglichkeiten der Prozesse hin.[33]

Der grundsätzliche Unterschied zwischen SPICE und CMM besteht darin, dass SPICE kein Stufenmodell für die Prozessreife verwendet, sondern von einer kontinuierlichen Reifeskala ausgeht, zu der zahlreiche stufenlose Reifefaktoren graduell beitragen.

Bei SPICE steht sowohl die Zertifizierung als auch ein Self-Assessment im Vordergrund. Ein weiterer Vorteil dieses Modells besteht darin, dass es für Organisationen aller Größen und in allen Anwendungsfeldern prädestiniert ist. Zudem bildet SPICE einen wichtigen Standard hinsichtlich einer möglichen IT-Risikoreduzierungsmaßnahme, stellt aber selbst kein Risikomanagement-Framework dar.[34]

3.5 Zusammenfassung

Zunächst wurden eingangs mit dem Abschnitt 3.1 die Begriffe ‚IT-Risikomanagement' sowie ‚IT-Risiko' definiert. Im Rahmen dieser Arbeit bildet dies die Grundlage für das im praktischen Teil vorgestellte Risiko-Assessment, welches der Begutachtung von induzierten Risiken durch Daten dient.

Das Konzept des Risikomanagements wurde inhaltlich im Überblick beschrieben (siehe Abschnitt 3.2). Hierbei wurden Instrumente und Methoden der jeweiligen generischen Schritte im Risikomanagementprozess partiell vorgestellt, die kombiniert mit einem Risiko-Assessment, einen hohen betriebswirtschaftlichen Nutzen bezüglich signifikanter Unternehmensentscheidungen erzielen. Es zeigte sich außerdem, dass die IT für das Risikomanagement von Vorteil ist, um mit bestehenden sowie zukünftigen Risiken (proaktiv) besser umgehen zu können (siehe Abschnitt 3.3). Ein Risiko-Assessment verbessert nicht nur die Qualität der Daten, sondern steigert in gleicher Weise auch die Akzeptanz des Risikomanagement-Systems bei den Mitarbeitern.

Es ist festzuhalten, dass die Bedeutung und Durchsetzung eines Referenzmodells für die Initiierung eines Risiko-Assessments nicht nur von seinem Inhalt abhängt, sondern auch von der Gestaltung des Lizenzmodells an sich. Dieser wirkt sich zudem entscheidend auf den Erfolg des Modells aus. Den frei zugänglichen Modellen ist eine größere Verbreitung nachzuweisen, als Modelle, deren Inhalte nur unter Lizenzgebühren einsehbar sind. Im Rahmen dieser Arbeit wurden einige Ansätze – wie dem CMM oder dem SPICE-Modell (ISO 15504) – zur Prozessverbesserung besprochen (siehe Abschnitt 3.4). Zu diesem Zweck sollte das vorgestellte CMM lediglich einen Entwicklungspfad aufzeigen, der zur allmählichen Verbesserung der

---

[33] Zu weiteren Erläuterungen siehe Wallmüller, 2004, S. 94-97 oder Seibold, 2006, S.195.
[34] Vgl. Seibold, 2006, S.196.

Datenqualitätsprozesse begangen werden kann. Dieser Entwicklungspfad besteht aus dem Durchlaufen von fünf Stufen zunehmender Reifegrade, auf die im Abschnitt 3.4.1 eingegangen wurde. Hierzu wurden nicht im Rahmen von einzelner Techniken oder Maßnahmen, das Ziel von Prozessverbesserungsmaßnahmen beschrieben, sondern in Form eines Rahmenwerkes als Entwicklungsrichtlinie vorgegeben. Das Modell bietet daher auch keine Garantie, dass eine hohe Datenqualität erzielt wird sowie alle auftretenden Risiken adäquat gelöst werden.

Zu der Frage, ob als Maßstab bei der Prozessverbesserung lieber CMM oder SPICE favorisiert werden sollte, lautet die wichtigste Antwort, dass diese Möglichkeiten keinen Widerspruch bilden. Da sich beide Rahmen interferieren, ist es nicht allzu problematisch, beide zu verwenden. Der Markt fordert wohl eine ISO-Zertifizierung in jedem Fall, aber für die wirkliche Leistungsverbesserung ist CMM vermutlich der bessere Weg, weil es erheblich detaillierter ist und zum Zeitpunkt einer ausgereiften Version als Rating-Grundlage dienen kann. Darüber hinaus wird CMM eher an größere Unternehmen adressiert, in denen auch bekanntlich die größten Risiken auftreten. Insgesamt können also die Ergebnisse des CMM sowohl als Basis zur Verbesserung der Datenqualitätsprozesse dienen, als auch zum Benchmark mit Projekten anderer Unternehmen verwendet werden.

Kapitel 4

Datenqualitätsmanagement

Wie schon im Abschnitt 3.2 erwähnt, greifen die Maßnahmen zur Verbesserung der Datenqualität erst bei einem ausgereiften Data-Ownership-Konzept. Es stellt sich daher die Frage, wie Maßnahmen zur Verbesserung der Datenqualität eingeleitet und umgesetzt werden können, wenn niemand für die Daten verantwortlich ist. Aus diesem Grund wird zunächst einmal ein Data-Ownership-Konzept modelliert und auf einem Datenqualitätsprozess adaptiert (siehe Abschnitt 4.1). Mit Hilfe eines PDCA-Zyklus werden dann nicht nur latente Risiken durch Daten im Prozess identifiziert, sondern auch die Datenqualität kontinuierlich verbessert (siehe Abschnitt 4.2). Anschließend wird ein Datenqualität-Assessment durchgeführt, mit dem Ziel, weitere Verbesserungspotenziale in Bezug auf die Datenqualität sowie den Datenqualitätsprozessen im Unternehmen zu antizipieren (siehe Abschnitt 4.3). Abschließend werden die Ziele eines Datenqualitätsmanagements in einem Unternehmen resümiert und für die vorliegende Arbeit in den richtigen Kontext gestellt (siehe Abschnitt 4.4).

4.1 Data-Ownership-Konzept

Das *Data-Ownership-Konzept* ist ein weitverbreitetes Gliederungsprinzip bei der Betrachtung von Datenqualitätsprozessen in einem Unternehmen. Es ist als Gestaltungsrahmen für die organisatorische Zuordnung zwischen einzelnen Teilmengen von Unternehmensdaten und den Verantwortlichkeiten für deren Qualität und Verfügbarkeit zu verstehen.

Die unten anstehende Abbildung 4.1 illustriert nochmals die unterschiedlichen Data-Ownership-Bereiche, bei der im Wesentlichen drei idealtypische Rollen – welche mit Verantwortungsbereiche vermischt sind – identifiziert werden:[1]

---

[1] Eine detaillierte Beschreibung der einzelnen sowie weiterer Rollen sind der Quelle: Knut et al., 2007, S. 237-239 zu entnehmen.

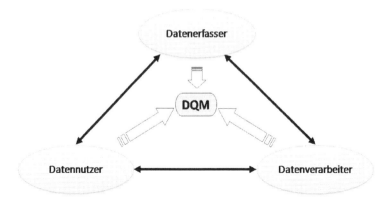

Abbildung 4.1: Die Rollensicht im Data-Ownership-Konzept[2]

- *Datenerfasser* verarbeiten und speichern die Daten in den IT-Systemen; extrahieren und transportieren die Daten zwischen den IT-Systemen; transformieren und aggregieren diverse Quelldaten; integrieren und laden transformierte Daten in den Datenpools. Die Aufgaben eines Datenerfassers werden im Prozess sowohl im Front Office als auch im Back Office Bereich eines Unternehmens bewerkstelligt.

- *Datennutzer* empfangen Daten und nutzen diese für Auswertungszwecke oder zur weiteren Bearbeitung und Verarbeitung. Der Datennutzer legt demnach die Qualitätsanforderungen an die Daten fest. Ein Datennutzer ist meistens im Back Office Bereich eines Unternehmens anzutreffen.

- *Datenverarbeiter* generieren und modifizieren die Daten und geben diese im Ablauf der definierten Unternehmensprozesse an den Datennutzer weiter. Hierbei kann der Anwendungsbetreuer, der Fachbereichsbetreuer oder das Integrationsmanagement die Rolle des Datenverarbeiters annehmen.

Grundsätzlich lassen sich noch folgende Rollen im Data-Ownership-Konzept unterscheiden, die da sind:[3]

- *Data-Owner* definieren die Daten und bewerten die vorhandenen Daten im Sinne eines Preprocessings. Darüber hinaus wird der Datenqualitätsprozess kontinuierlich gemessen, kontrolliert und verbessert. Nach wie vor ist der Data-Owner auch für die qualitativ hochwertige Bereitstellung der Daten verantwortlich. Die Daten werden zudem an das DQM adressiert.

---

[2] Quelle: Eigene Darstellung in Anlehnung an Internes Dokument, 2006, S.21.
[3] Es ist darauf hinzuweisen, dass an dieser Stelle auf eine detaillierte und zum Teil unternehmens- spezifische Darstellung aller Rollen und Verantwortungsbereiche verzichtet wird.

- *Datenprüfer* überwachen die Ergebnisse hinsichtlich der gestellten Anforderungen durch den Datennutzer. Hierbei handelt es sich um einen rein informellen Schritt, bei dem der Datenprüfer aus unabhängiger Sicht die Implementierung auf Korrektheit und Richtigkeit kontrolliert. Es werden Qualitätskontrollen eingeführt, um die Integrität der Daten sicherzustellen. Der Datenprüfer identifiziert zudem Risiken und schlägt Gegenmaßnahmen vor.

- *Daten-Steward* haben die Aufgabe für die Konsistenz der Metadaten hinsichtlich der Datenqualitätsprozesse zu sorgen. Dabei stellt ein Daten-Steward sicher, dass die Daten klar und eindeutig definiert sind und nicht im Konflikt mit anderen Daten stehen. Weiterhin gewährleistet der Daten-Steward, dass die Daten auch tatsächlich jederzeit aktuell verwendet werden.

- *Data Riskmanager* legen die Standards, Richtlinien und Normen für die Prozesse fest. Neben der kontinuierlichen Überwachung der umgesetzten Maßnahmen, werden die Datenqualitätsprozesse zudem noch gesteuert und kontrolliert. Darüber hinaus werden die Datenqualitätsprozesse auf neu auftretenden Risiken evaluiert.

Bei der Konzeptimplementierung sind nun folgende Phänomene zu berücksichtigen: Eine pilotmäßige Einführung des Data-Ownership-Konzepts nach dem CMM (siehe Abschnitt 3.4.1) reduziert das Risiko des Scheiterns und erhöht die Akzeptanz bei den Mitarbeitern. Nach wie vor sind auch die Datenverarbeiter weitgehend an der Definition und Gestaltung des Data-Ownership-Konzepts zu beteiligen, da sich auf dieser Weise die Flexibilität des Data-Ownership-Konzepts steigern lässt. Ein *Datenqualitätskoordinator* – der die Schnittstelle zum DQM und zur IT/Org für DQ-relevante Themen bildet – hat schließlich die Aufgabe das Rahmenkonzept zu implementieren sowie deren Nachhaltigkeit zu sichern.

übergreifender Koordinator

DQM: Koordination übergreifender DQ-Mängel (ggf.Eskalation), Unterstützung des DQKs bei der Umsetzung
des Data Ownership-Konzeptes, Koordination neuer DQ-Arbeitsgruppen, Monitoring und Reporting des
DQ-Status, Richtlinien, Methoden, Tools, Initiierung von qualitätsverbessernden Maßnahmen
IT/Org: DQ-Mängelkoordination, Koordination bestehender Gremien, Zuarbeit zum Status- und DQ-Reporting

Datennutzer	Datenverarbeiter	Datenerfasser
Prozessübergreifend:	**Systemübergreifend:**	
▪ Festlegung kritischer Daten	▪ Konsolidierung und Plausibilisierung	▪ Qualitätsgerechte Datenerfassung
▪ Fachliche Definition der Daten	der fachlichen Anforderungen und der	▪ Konsolidierung/Plausibilisierung
▪ Ableitung von Qualitätskriterien	betroffenen Erfassungsprozesse	der Erfassungsanforderungen
und Prüfkriterien	▪ Formulierung technischer Restriktionen	▪ Übergreifende Abstimmung der
▪ Qualitätsvereinbarung mit	und Rahmenbedingungen	Quelldatenqualität
Datenerfasser/Datenverarbeiter	▪ Sicherstellung technischer Konformität	▪ Aufbereitung und Vermittlung der
▪ Fachliche und fachlich-	sowie angemessener Datenkonsistenz	Datenerfassungsprozesse und DQ-
technische Wissensvermittlung	▪ Kommunikation von technischen	Anforderungen
▪ Konsolidierung der fachl. Daten-	Änderungs-/Qualitätsanforderungen	▪ Identifikation/Analyse von
und Qualitätsanforderungen	▪ Wissen und Wissenstransfer über die	DQ-Mängeln und
▪ Identifikation von DQ-Mängeln	Datenverarbeitungsstrecken	Verbesserungsmaßnahmen
und Verbesserungsmaßnahmen	▪ Qualitätsorientierte Architektur	▪ Umsetzung von organisatorischen
▪ Umsetzung von org.	▪ Identifikation/Analyse von DQ-Mängeln	DQ-Maßnahmen
DQ-Maßnahmen	und Verbesserungsmaßnahmen	▪ Initiierung und Betrieb von
▪ Initiierung und Betrieb von	▪ Umsetzung von techn. DQ-Maßnahmen	eigenen DQ-Messpunkten
eigenen DQ-Messpunkten	▪ Initiierung/Betrieb von Messpunkten	▪ Zuarbeit zum DQ-Reporting
▪ Zuarbeit zum DQ-Reporting	▪ Zuarbeit zum DQ-Reporting	

Abbildung 4.2: Die Aufgabenübersicht der verschiedenen Rollen im Data-Ownership-Konzept[4]

Die Abbildung 4.2 konkretisiert die Aufgaben und Verantwortlichkeiten der jeweiligen Rollen im Data-Ownership-Konzept, mit dem Ziel, eine ganzheitliche Betrachtung (end to end) der Prozesse zu gewährleisten. Neben einer verbesserten Kommunikation aller Prozessbeteiligten, werden somit (alle) kritische Daten und Prozesse identifiziert und im Anschluss daran die notwendigen Gegenmaßnahmen eingeleitet.

Insgesamt liefert das Data-Ownership-Konzept konstruktive Ansätze zur Qualitätssicherung und kontinuierlichen Verbesserung der Datenqualität (siehe Abschnitt 4.2).

4.2 PDCA-Zyklus

Im vorigen Abschnitt wurde das Data-Ownership-Konzept vorgestellt, bei der sich die Frage aufdrängte, wie eine kontinuierliche Verbesserung der Datenqualität realisiert werden kann. Das Data-Ownership-Konzept ist Bestandteil jedes Geschäftsprozesses und zielt auf die Planung, Lenkung und Sicherung der Datenqualität als kontinuierlicher Regelkreis ab. Aus diesem Grund wird in diesem Abschnitt der PDCA-Zyklus in einen Datenqualitätsprozess integriert und behandelt.

Der vom Amerikaner William Edwards Deming[5] in den fünfziger Jahren entwickelte PDCA-Zyklus (oder auch Deming-Kreis genannt) ist ein Werkzeug, das

---

[4] Quelle: Eigene Darstellung in Anlehnung an Internes Dokument, 2006, S.23.

auf sämtlichen Hierarchieebenen eines Unternehmens anzuwenden ist, mit dem Ziel, eine Prozessverbesserung im Sinne der Datenqualitätsprozesse zu erreichen. Der PDCA-Zyklus lässt sich in die japanische Kaizen-Managementphilosophie einordnen (siehe unter anderem Abschnitt 2.2, Seite 14).

Ein *PDCA-Zyklus* steht für eine immer wiederkehrende Aufgabe der vier Teilschritte (oder auch Phasen genannt), die da sind:

- *Plan* (Planen): Zunächst muss der Prozess vor seiner Umsetzung komplett geplant werden. Die wichtigsten Planungsschritte sind demzufolge die Grundsätze der dokumentierten Leitlinien zur Datenqualität festzuschreiben sowie konkrete Ziele und Maßnahmen zur Zielerreichung festzulegen. Dies hat den Vorteil, auftretende Schwächen und Fehler im Prozess besser identifizieren zu können.

- *Do* (Ausführen): Der geplante Prozess wird sukzessiv initiiert und die festgelegten Maßnahmen konsequent umgesetzt. Dabei ist es legitim nochmals in die Plan-Phase zurückzukehren, um sich weitere Informationen zu beschaffen und unter Umständen die Maßnahmen zu redigieren. Zu diesem Zweck sind daher für diese Phase eindeutige Data-Owner zu ernennen.

- *Check* (Überprüfen): In dieser Phase werden die Auswirkungen der durchgeführten Maßnahmen hinsichtlich der angestrebten Verbesserungen regelmäßig und kontinuierlich überprüft. Der Datenprüfer untersucht neben dem Prozessablauf und seiner Resultate, ob sich durch einen Soll-Ist-Abgleich eventuell weitere Abweichungen identifizieren lassen. Dies führt schließlich dazu, dass auch alle neu auftretenden DQ-Mängel durch den Daten-Steward erkannt werden.

- *Act* (Verbessern): In der letzten Phase werden die Ergebnisse der Tests analysiert, mit der Intention, die Ursachen der festgestellten Abweichungen abzustellen. Schließlich sind dafür die notwendigen Maßnahmen zu ergreifen. Falls die Veränderungen erfolgreich waren, werden diese nun im größeren Maßstab umgesetzt.[6] Der Prozess ist dann wieder unter Berücksichtigung des PDCA-Zyklus von vorne zu beginnen.

---

[5] Deming war ein Pionier im Bereich des Qualitätsmanagements, dessen Erkenntnisse in den achtziger Jahren des letzten Jahrhunderts in diverse Qualitätsnormen und Qualitätsmanagement-systeme eingingen. So ist zum Beispiel der PDCA-Zyklus ein wichtiger Bestandteil der im Total Quality Management (TQM) geforderten kontinuierlichen Verbesserung von Prozessen.

[6] Vgl. Imai, 2001, S.111 f.

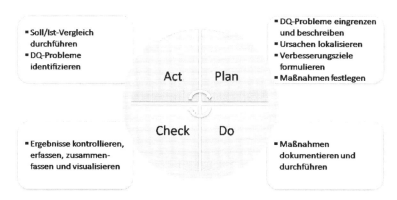

Abbildung 4.3: Der PDCA-Zyklus[7]

Die Abbildung 4.3 illustriert nochmals den zu durchlaufenden Zyklus, der als nie endender Prozess zu verstehen ist. Nachdem die Ziele erreicht wurden, steigt man wieder in die Plan-Phase ein, so dass der Kreislauf ständig wiederholt wird und zu einer kontinuierlichen Verbesserung der Datenqualität führt. Unter einem KVP versteht man in diesem Kontext, die stetige Verbesserung der Datenqualität sowie Prozessqualität, welche in kleinen Schritten realisiert wird. Das mehrmalige Durchlaufen des Zyklus ist dabei besonders sinnvoll, da jedes Mal die DQ-Probleme näher eingegrenzt werden und die Erfahrungen aus den vorhergehenden Zyklen simultan angewendet werden können.

Die Datenqualitätsprozesse im Unternehmen werden somit systematisch wirksamer und leistungsfähiger gemacht. Hierbei ist nicht nur die individuelle Perspektive zu beachten, sondern unternehmensweit geht es darum, in solchen infiniten PDCA-Zyklen zu denken und zu handeln.[8]

Anschließend kann der PDCA-Zyklus durch einen Prozess der Stabilisierung ergänzt werden, indem die Maßnahmen standardisiert werden (SDCA-Zyklus). Durch den *SDCA-Zyklus* (Standardize, Do, Check, Act) werden also die Verbesserungen sichergestellt, da nun erfolgreiche Maßnahmen als Standard festgelegt werden können.[9]

---

[7] Quelle: Eigene Darstellung in Anlehnung an die Quelle: Kostka C. et al., 2002, S.30.

[8] In Anlehnung an die Quelle: http://www.teialehrbuch.de/Kostenlose-Kurse/Technologie management/22978-PDCA-Zyklus.html am 26.08.2007.

[9] Vgl. Kostka C. et al., 2002, S.35-37.

4.3 Datenqualität-Assessment

In diesem Abschnitt wird der gesamte Unterstützungsprozess zur Verbesserung der Datenqualität detailliert vorgestellt. Anhand des vorangegangenen Abschnitts, wurde bereits die Basis für eine kontinuierliche Verbesserung der Datenqualität geschaffen. Wie bereits aus der Abbildung 4.4 hervorgeht, ist das Datenqualität-Assessment nur ein Teil des Gesamtprozesses zur Verbesserung der Datenqualität. Eine ausführliche Behandlung der in der Abbildung aufgeführten Themen würde den Rahmen dieser Arbeit sprengen. Daher sei nochmals daran erinnert, dass der Fokus in der vorliegenden Arbeit weiterhin auf das Datenqualität-Assessment liegt.

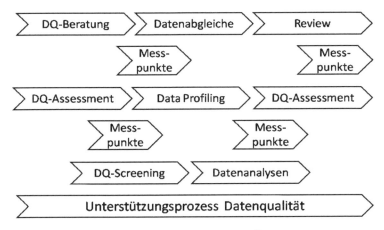

Abbildung 4.4: Eine Prozessübersicht der Datenqualität[10]

Die Datenqualität-Beratung hat die Funktion eine erste Diagnose über den Status quo der Datenqualität in einem Unternehmen zu erstellen, mit dem Ziel, die grundlegenden Datenqualität-Mängel zu erfassen. Die allgemeinen Datenqualität-Probleme können schließlich durch qualitätsverbessernde Maßnahmen beseitigt werden. Daneben gibt es noch weitere quantitative Methoden, wie in etwa Datenanalysen und Data Profiling, die eine Verbesserung der Datenqualität herbeiführen. Hierbei wird nicht auf eine Machbarkeitsstudie Wert gelegt, sondern vielmehr der Kosten-Nutzen-Faktor in den Vordergrund gestellt. Aus diesem Grund sollte zunächst einmal ein Datenqualität-Assessment Anwendung finden, um einerseits mehr Transparenz in die Datenqualitätsprozesse und andererseits die wesentlichsten Datenqualitätsprobleme effizienter lokalisieren zu können. Demgegenüber stehen die quantitativen Methoden, welche zeit- und kostenaufwendig sind, da für eine Diagnose sämtliche Datenpools im Unternehmen evaluiert werden müssen. Es scheint demnach sinnvoll zu sein, die Ergebnisse eines standardisierten Datenqualität-Assessments als Input für die quantitativen Methoden zur Verfügung zu stellen. Folglich können die

---

[10] Quelle: Eigene Darstellung in Anlehnung an ein Internes Dokument einer Bank.

quantitativen Methoden effektiver realisiert werden, da nun ausschließlich die relevanten Teilmengen des Datenpools revidiert werden müssen. Abgesehen davon dienen sämtliche Assessment-Ergebnisse als valide Messpunkte (siehe Abbildung 4.4). Ferner dient ein Review im gesamten Unterstützungsprozess dazu, die Datenqualität-Ergebnisse in Bezug auf den Verbesserungsprozess manuell zu überprüfen. Dieses Vorgehen verbessert zum einen die Datenqualitätsprozesse an sich, und zum anderen werden proaktiv fehlerhafte Datenqualitätsprozesse aufgedeckt. Nach wie vor stellt sich in diesem Kontext noch die Frage, ob das Datenqualität-Assessment in einen Planungsprozess oder in einen Projektprozess integriert werden soll. Folglich sind nun weiterhin die unterschiedlichen Einsatzorte des Datenqualität-Assessments für den gesamten Unterstützungsprozess zur Verbesserung der Datenqualität zu berücksichtigen.

Nachdem mit der obigen Abbildung 4.4 der Datenqualitätsprozess in eine Projektorganisation eingebettet wurde, soll die folgende Abbildung 4.5 als Beispiel für die Integration der Datenqualitätsprozesse in eine Linienorganisation dienen. Der strukturierte Aufbau der Organisation hebt sowohl die Möglichkeiten für eine kontinuierliche Verbesserung und Sicherstellung der Datenqualität, als auch die Bedeutung des Datenqualität-Assessments im gesamten Unterstützungsprozess hervor.

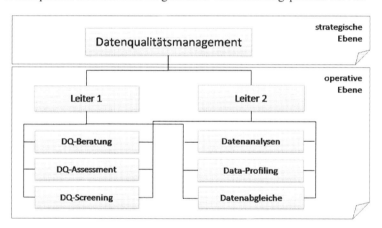

Abbildung 4.5: Integration der Datenqualitätsprozesse in die Linienorganisation

Ein *Datenqualität-Assessment* entspricht einem Bewertungsverfahren, welches meist auf einen multiplen Fragebogen basiert. Dabei zielt das Datenqualität-Assessment darauf ab, dem DQM einen Aufschluss über den Qualitätszustand von Daten im Unternehmen wiederzugeben. Dieser Fragenkatalog, welcher nach dem CMM (siehe Abschnitt 3.4.1) ausgerichtet werden kann, ermöglicht eine erste Eingrenzung der organisatorischen Gestaltungsräume. Zunächst kann dadurch ermittelt werden, auf welcher Stufe sich ein Unternehmen im Reifegradmodell befindet, so dass ausgehend davon, die Datenqualitätsprozesse effizient weiter verbessert werden können. Zusätzlich kann die Prozessreife näher spezifiziert werden, die dem DQM wiederum neue Ansätze für Verbesserungspotenziale bieten.

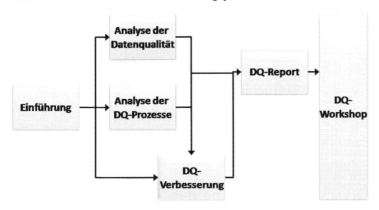

Abbildung 4.6: Die Schritte eines Datenqualität-Assessments[11]

Die Abbildung 4.6 charakterisiert die fünf wesentlichen Schritte eines durchzuführenden Datenqualität-Assessments, die da sind:

- Einführung: Auf den Ergebnissen des CMMs werden Datenqualität-Assessments initiiert.
- Analyse der Datenqualität: In diesem Schritt werden die DQ-Mängel sowie deren Optimierungsmöglichkeiten identifiziert.
- Analyse der Datenqualitätsprozesse: An dieser Stelle werden einerseits die Einflüsse der Daten auf Geschäftsprozesse, und andererseits die Einflüsse von Geschäftsprozessen auf Daten identifiziert. Ebenso werden Prozessfehler und deren Optimierungsmöglichkeiten diagnostiziert.
- DQ-Report: Anhand der Analyseergebnisse wie auch der Schlussfolgerungen werden operative und strategische Ziele hinsichtlich der Verbesserungsmöglichkeiten definiert. Dabei werden prädestinierte DQ-Lösungen und Vorgehensweisen konkretisiert.
- DQ-Workshop: Neben der Begutachtung der Vorgehensweisen zur kontinuierlichen Verbesserung der Datenqualität werden in diesem Schritt die realisierbaren Lösungen präsentiert.

Nach Kneuper kann man zur Durchführung eines Assessments auf unterschiedliche Datenquellen zurückgreifen, die da sind:

- Instrumente wie Fragebogen, Umfragen oder Präsentationen.

- Interviews, z.B. mit Management, Projektleitung und Projektmitarbeitern.

---

[11] Quelle: Eigene Darstellung in Anlehnung an die nachstehende Quelle: http://www.humaninferen ce.de/-services/professional-services/data-quality-assessment am 28.08.2007.

• Dokumentenreview.

Weiterhin werden drei verschiedene Klassen (sprich A, B und C) von Assessments anhand der Intensität und des Umfangs unterschieden:[12]

Ein Assessment der Klasse A verwendet alle drei oben aufgeführten Datenquellen. Zum einen ist diese Variante zuverlässiger und deren Ergebnisse optimierter gegenüber den Assessmentmethoden der Klasse B und C. Zum anderen ist diese Methode aber dementsprechend aufwändiger.

Ein Assessment der Klasse B bedient sich bei der Begutachtung neben den Interviews noch einer weiteren Datenquelle. Dies hat zwar den Vorteil, dass die Evaluierung mit einem geringeren Aufwand durchgeführt werden kann. Die Ergebnisse sind aber dafür nicht so gewissenhaft und detailliert wie beim Assessment der Klasse A.

Ein Assessment der Klasse C ist mit dem geringsten Aufwand verbunden, da man bei der Begutachtung nur eine Datenquelle heranzieht. Demzufolge sinkt nicht nur der Aufwand zur Durchführung dieser Assessmentmethode, sondern auch die Zuverlässigkeit der Ergebnisse. Ebenso wird aufgrund dessen ein Nährboden für weitere induzierte Risiken durch Daten geschaffen.

Zusammenfassend werden an dieser Stelle noch mögliche Ziele eines Datenqualität-Assessments segregiert, die da sind:

• Identifizierung von Verbesserungs- und Optimierungsmöglichkeiten im Sinne eines PDCA-Zyklus (siehe Abschnitt 4.2, Seite 44) zur Realisierung einer hohen Datenqualität.

• Klare Vorgehensweise und Definition der Maßnahmen (wie etwa organisatorische Maßnahmen, Präventivmaßnahmen und Korrekturmaßnahmen) zur Verbesserung der Datenqualität.

• Inhaltliche sowie technische Probleme bei den Daten werden aufgezeigt. Die dadurch entstehenden Verluste und Risiken sind dabei für das Unternehmen zu taxieren.

• Präsentation möglicher Lösungswege, um künftige DQ-Mängel zu vermeiden.

• Überprüfung des Fortschritts bei der eigenen Verbesserung. Die Resultate dienen meist als Indiz für den erreichten Qualitätsstand der Daten gegenüber den Datennutzern.

Im Rahmen dieser Arbeit werden insgesamt vier Fragebogen definiert, um den aktuellen Stand (oder auch Status quo) des Unternehmens hinsichtlich der Datenqualität festzustellen. Die Fragebogen sind den unterschiedlichen Rollen im Data-

---

[12] Der folgende Passus ist an den Ausführungen von Kneuper, 2003, S. 100-102 angelehnt.

Ownership-Konzept (siehe Abschnitt 4.1) zugeordnet, und zwar dem Datenerfasser, Datennutzer, Datenverarbeiter und Datenprüfer. Die adressierten Fragebogen geben zwar an, was alles zu tun ist, um die jeweiligen Kriterien guter Datenqualität zu erfüllen, aber es wird jedoch nicht festgelegt, wie dies auch umgesetzt werden soll. Anhand der Auswertung des Datenqualität-Assessments durch den Assessor[13], kann schließlich der Reifegrad des Unternehmens in Bezug auf seine Datenqualitäts-prozesse bestimmt werden. Hierbei gilt grundsätzlich: Je mehr Aufwand man in die Assessments investiert, desto zuverlässiger und detaillierter werden die Ergebnisse.[14] Es ist dennoch notwendig, den Kosten-Nutzen-Aspekt eines Datenqualität-Assess-ments stets im Auge zu behalten und im Einzelfall abzuwägen.

4.4 Ziele des Datenqualitätsmanagements in einem Unternehmen

In diesem Abschnitt werden nun weitere Aufgaben des Datenqualitätsmanagements deskribiert. Zu diesem Zweck werden daher in den Unterabschnitten (siehe Abschnitt 4.4.1 und 4.4.2) neben den Anforderungen, auch die Funktionen des Datenqualitäts-managements expliziert.

4.4.1 Anforderungen an das Datenqualitätsmanagement

Das Datenqualitätsmanagement ist für die Sicherstellung, der Erfüllung von aufsichtsrechtlichen Anforderungen (siehe Abschnitt 1.1) sowie der Gewährleistung von hoher Datenqualität, verantwortlich. Wie schon bereits erwähnt, ist das Management meist von schlechter Datenqualität betroffen. Einige Ursachen liegen in der Regel in den Datenqualitätsprozessen selbst. Das DQM migriert nämlich die vorhandenen Unternehmensdaten der Data-Owner aus diversen Subsystemen in ein kollektives Datenumfeld für das Management (siehe Abschnitt 3.3). Dabei können viele Fehler entstehen (wie in etwa durch ein fehlerhaftes Mapping), die nicht gleich zu erkennen sind und schwerwiegende Folgen für die Unternehmensentscheidungen haben können. Eine der vielen Aufgaben des Datenqualitätsmanagements ist es daher, diese systematisch zu erkennen, zu bewerten und zu reduzieren. Zu diesem Zweck wird auch oft die Methode FMEA eingesetzt (siehe Abschnitt 3.2.2), um nach Möglichkeit existenzgefährdende Risiken – die durch unzureichende Datenqualität induziert werden – abzuwenden. Im Rahmen dieser Arbeit wird an dieser Stelle ein Risiko-Assessment integriert, das in diesem Kontext auf ein konstruktiveres Kosten-Nutzen-Verhältnis abzielt (siehe Teil II der Arbeit).

Ein DQM unterstützt dabei die Implementierung eines Risiko-Assessments (siehe Abbildung 4.4, Seite 47), bei der unter anderem diverse Probleme – wie in etwa

---

[13] Der Assessor entspricht dem Assessmentleiter – häufig aber auch seinem Assessmentteam – und ist für den korrekten Ablauf und den Ergebnissen des Assessments verantwortlich.
[14] Vgl. Kneuper, 2003, S. 113.

Kompetenzprobleme – zu bewältigen sind. Eine vertikale sowie horizontale Ausrichtung der Aufgaben bei der Analyse der Datenqualitätsprozesse respektive Datenqualität ist daher unabdingbar. Das DQM lanciert die Datenqualitätskoordinatoren bei der Umsetzung der operativen Aufgaben, indem vom DQM geeignete Methoden, Verfahren und Werkzeuge zur Verfügung gestellt werden. Des Weiteren muss das DQM sicherstellen, dass die Prozesse, Richtlinien, Pläne sowie Test- und Prüfverfahren zur Gewährleistung der Datenqualitätsziele etabliert sind.

Weitere Aufgaben des Datenqualitätsmanagements sind außerdem Daten über die Datenqualität – beispielsweise durch das Metadaten-Management (siehe Abschnitt 2.4) – in Form von DQ-Statusberichte bereitzustellen. Dadurch können die Daten nicht nur überwacht werden, sondern überdies bei Bedarf entsprechende Maßnahmen zur Verbesserung der Datenqualität eingeleitet werden. Eine zielgerichtete Initiierung der DQ-Maßnahmen wird dann schließlich durch das in Abschnitt 4.1 formulierte Data-Ownership-Konzept begünstigt.

Zusammenfassend sind in diesem Kontext noch die folgenden Aufgaben für das Datenqualitätsmanagement festzuschreiben:

- Unterstützung der unternehmensweiten Qualitätsplanungsprozesse (Qualitätsmessung und Zielableitung).

- Koordination der Datenqualität-Workshops, in denen auch ein regelmäßiger Erfahrungsaustausch stattfindet.

- Koordination der DQ-Mängelanalyse sowie deren Behebungsprozesse.

- Zielgruppenorientiertes Reporting zum Status der Datenqualität.

- Unterstützung bei der Identifikation qualitätsverbessernder Maßnahmen.

- Initiierung eines Risiko-Assessments.

4.4.2 Funktionen des Datenqualitätsmanagements

Die unten anstehenden Ausführungen dienen weiterhin dazu, die heterogenen Aufgaben des Datenqualitätsmanagements aufzuzeigen und zu komplettieren, die da sind:

- Das DQM trägt den Qualitätsgedanken in ein Unternehmen und unterstützt darüber hinaus die DQK bei der Umsetzung des Data-Ownership-Konzepts (siehe Abschnitt 4.1).

- Strategisches Ziel des DQM ist die systematische Unterstützung der Datenqualitätsprozesse.

- Der Fokus liegt dabei auf der Erfüllung regulatorischer Anforderungen und der Unterstützung sowie Absicherung wesentlicher Unternehmensaufgaben.

- DQM berichtet der Unternehmensleitung hinsichtlich des unternehmensweiten Datenqualität-Status.

In Abbildung 4.7 werden die inhomogenen Aufgaben des Datenqualitätsmanagements übersichtlich dargestellt und in Hinblick auf die verschiedenen Eigenschaften der Unterstützung typisiert.

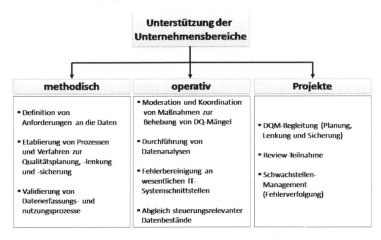

Abbildung 4.7: Funktionen des Datenqualitätsmanagements[15]

4.5 Schlussbemerkung

Häufig fehlt es an klaren Vorstellungen und Regelungen, welche Prozesse die Qualität der Daten beeinflussen und wer für qualitätsrelevante Tätigkeiten verantwortlich ist. Daher wurde in Abschnitt 4.1 zunächst ein Data-Ownership-Konzept definiert, das die Verantwortungsbereiche der jeweiligen Mitarbeiter im Unternehmen grobgranular abgrenzt. Hierauf aufbauend wurden dann die verschiedenen Aufgabenbereiche und Verantwortlichkeiten der Mitarbeiter näher beleuchtet (siehe Abbildung 4.2, Seite 44).

Im Abschnitt 4.2 wurden nach wie vor die Datenqualitätsprozesse in Anlehnung an den PDCA-Zyklus diskutiert. Die Konstruktion der Phasen des Regelkreises liefert die grundlegende Basis, um das Prinzip der kontinuierlichen Verbesserung umzusetzen.[16] Es werden also konkrete DQ-Maßnahmen und Spezifikationen

---

[15] Quelle: Eigene Darstellung in Anlehnung an Internes Dokument, 2006, S.55.
[16] Vgl. Helfert, 2002, S.112.

abgeleitet, die sich auch in der Praxis als geeignet erweisen (siehe Abbildung 4.3, Seite 46).

Darauf aufbauend wurde im nächstfolgenden Abschnitt gezeigt, dass die Durchführung eines Datenqualität-Assessments grundsätzlich gewinnbringend für ein Unternehmen sei. In diesem Zusammenhang wurde ein Workflow zur Verbesserung der Datenqualität präsentiert (siehe Abbildung 4.4, Seite 47). Dieser Unterstützungsprozess zur Datenqualität bezieht sich hauptsächlich auf Projekte. Demgegenüber entspricht die Abbildung 4.5 auf Seite 48 die Einbettung der Datenqualitätsprozesse und insbesondere der Datenqualität-Assessments in die Linienorganisation. Darüber hinaus wurden die einzelnen Schritte eines Datenqualität-Assessments (Einführung, Analyse der Datenqualität, Analyse der Datenqualitätsprozesse, DQ-Report, DQ-Workshop) im betrachteten Kontext vorgestellt und mittels der Abbildung 4.6 illustriert. In Teil II der Arbeit werden diese Konzepte in Hinblick auf einen Risikomanagementprozess weiter konkretisiert. Insbesondere wird unter diesem Aspekt das Risiko-Assessment zu behandeln sein. Hilfestellungen für das zu realisierende Risiko-Assessment kann von Seiten des Datenqualitätsmanagements in Form von Interviews, der Analyse der existierenden Informationsquellen, des Vergleichs des Informationsbedarfs affiner Geschäftsbereiche oder durch inkrementelle Erweiterung des Informationsbedarfs geleistet werden (siehe hierzu Abschnitt 4.3).

Nachdem mit dem Abschnitt 4.4, das Kapitel mit einigen Zielfestlegungen für das DQM schließt, werden ferner die Anforderungen an das DQM sowie deren Funktionen rekapituliert und für die nächsten Kapitel unifiziert.

Ausblick

Der nun folgende zweite Teil dieser Arbeit dokumentiert den Entwicklungsprozess der Datenqualitätsprozesse eingebettet in einen Risikomanagementprozess zur Konstruktion eines Risiko-Assessments auf Basis des Datenqualität-Regelkreises. Hierfür wird ein Datenqualität-Regelkreis in einen Risikomanagementprozess integriert, der von dem anschließend konzipierten Risiko-Assessment berücksichtigt wird. Dieser zweite Teil der Arbeit stellt somit ein Gestaltungsmodell bereit, um die induzierten Risiken durch Daten in einem Unternehmen, die in der vorliegenden Arbeit behandelt werden, angemessener zu abstrahieren.

Teil II

KONZEPT

Kapitel 5

Anwendung von Risikomanagement auf Datenqualität

Die im Teil I der Arbeit vorgestellten Konzepte werden in diesem Kapitel auf einen Risikomanagementprozess angewendet. Zunächst wird daher mit dem Abschnitt 5.1 die Kohärenz zwischen Risikomanagement und Datenqualität erörtert. Danach wird in Abschnitt 5.2 der Datenqualität-Regelkreis auf einen Risikomanagementprozess (siehe Abschnitt 3.2) adaptiert. Zu diesem Zweck werden im Anschluss in den nachfolgenden Abschnitten 5.3 bis 5.6 die jeweiligen Methoden und Konzepte der einzelnen Schritte im Risikomanagementprozess exemplarisch aufgezeigt und expliziert. Mit Abschnitt 5.7 schließt dann das Kapitel, indem die wesentlichen Ergebnisse fokussiert und für das zu realisierende Risiko-Assessment zusammengefasst werden.

5.1 Risikomanagement in Bezug auf die Datenqualität

Die Relevanz eines Risikomanagements und die damit verbundene zentrale Rolle der Datenqualität im Unternehmen ist nicht nur aufgrund der Fülle an unterschiedlichen staatlich erlassenen Gesetzen (siehe Abschnitt 1.1) stark angestiegen, sondern auch aus betriebswirtschaftlicher Sicht notwendig. Ferner liegen die Nutzenaspekte eines Risikomanagements, insbesondere in der Vermeidung von Reputationsrisiken sowie den dadurch impliziten Imageschäden, die im worst-case irreparabel sein können.

Beispiele aus der Praxis sind unter anderem: Unerkannte Schwächen in den Daten sowie in den Datenqualitätsprozessen eines Unternehmens führen zu Betrugsfällen – in Form von Unterschlagungen – durch korrumpierende Mitarbeiter. Als weiteres Beispiel soll an dieser Stelle auf den Kampf gegen die Geldwäsche hingewiesen werden, der vor allem ohne die IT aussichtslos zu sein scheint. Latente Risiken bleiben oft unerkannt und sind nur schwer zu identifizieren, so dass dubiose Transaktionen in einer Bank nur durch ein umfassendes Monitoring sowie durch *Datenqualitätsregeln* aufgespürt werden können. Hierbei beschreiben die Datenqualitätsregeln die Geschäftsregeln (oder auch business rules genannt), denen Daten gehorchen müssen, um von hoher Qualität zu sein. Um nun die Risiken aus dem Bereich der Wirtschaftskriminalität abzuwenden, sind nicht nur Risiken aus dem operativen Tagesgeschäft, sondern ebenso die strategischen Risiken zu kalkulieren und zu steuern. Bekanntlich führt eine Verzögerung bei der Einführung neuer Anti-

Geldwäsche-Systeme nicht nur zu einem Ertragsverlust für die Bank, sondern generiert indes noch Folgekosten. Denn die Kompatibilität sowie Konformität bei der Adaption des neuen Systems an den bereits bestehenden Systemen, kann eventuell nur durch die Konzeption neuer Schnittstellen für alle anderen Systeme gewährleistet werden. Grund hierfür ist beispielsweise eine miserable Datenqualität.

Die Datenqualität ist ein entscheidender Erfolgsfaktor im Risikomanagement und bildet den Kern des Informationssystems eines jeden Unternehmens. Des Weiteren ist die Verbesserung und Optimierung aller Datenqualitätsmaßnahmen auch eine der wichtigsten Voraussetzungen für ein transparentes und effizientes Risikomanagement. Auf der einen Seite werden prinzipiell hohe Anforderungen an die Datenqualität und die Datenqualitätsprozesse für die optimale Steuerung von Risiken gestellt, welche aber aufgrund heterogener IT-Landschaften in den Unternehmen nicht so einfach zu realisieren sind. Auf der anderen Seite liefert kaum ein Datenqualitätsprozess dauerhaft gleichbleibende Qualität ohne steuernde Eingriffe. Im Weiteren sollten auch Risiken ermittelt werden, die im Laufe eines Datenqualitätsprozesses selbst auftreten können.

Insgesamt muss die Datenqualität eines Unternehmens so fortschrittlich sein, dass die Daten für das notwendige Managen von Risiken korrekt interpretiert und verarbeitet werden können. Zu diesem Zweck wird daher im nächsten Abschnitt ein Datenqualität-Regelkreis konzipiert, der in einen Risikomanagementprozess integriert wird.

5.2 Design des Datenqualität-Regelkreises

Bereits mit dem vorangegangenen Abschnitt wurde die Signifikanz von hoher Datenqualität in Hinblick auf das Risikomanagement kritisch beschrieben. In Bezug auf die vielen Datenqualitätsprozesse in einem Unternehmen sollen an dieser Stelle die Planungsprozesse zur Dekomposition der Risiken hervorgehoben werden. Weiterhin wird in diesem Abschnitt deutlich, auf welche Art und Weise die Datenqualität in Unternehmensentscheidungen einhergeht und wie die damit verbundenen Risiken sowohl entstehen als auch gemanagt werden können.

Es sei daran erinnert, dass das Data-Ownership-Konzept (siehe Abschnitt 4.1) sowie das Datenqualität-Assessment (siehe Abschnitt 4.3) keine neue Aufgabe, sondern ein ständiger Bestandteil jedes Geschäftsprozesses ist. Der Datenqualität-Regelkreis zielt daher auf die Planung, Lenkung und Sicherung der induzierten Risiken durch Daten als kontinuierlicher Regelkreis ab.

Basierend auf einen operationalen PDCA-Zyklus (siehe Abschnitt 4.2) realisiert der in Abbildung 5.1 dargestellte Risikomanagementprozess ein Vorgehensmodell zum proaktiven Datenqualitätsmanagement. Die Elemente des PDCA-Zyklus lassen sich grob, wie in Abbildung 5.1 gezeigt, anhand des in Abschnitt 2.3 vorgestellten Qualitätsregelkreises einordnen. Neben der grobgranularen Segmentierung des

Risikomanagementprozesses in den vier Phasen Risikoidentifizierung, Risikoanalyse, Risikohandhabung und Risikoüberwachung besteht dieser Entwurf also im
Wesentlichen aus den Kernphasen Qualitätsplanung, Qualitätsmessung, Qualitätsanalyse und der Qualitätsverbesserung. Was die einzelnen Schritte bedeuten und wie
der Risikomanagementprozess zu interpretieren ist, wird anhand der Illustration
detailliert erläutert. Gleichwohl folgen einige kurze Erläuterungen zu Abbildung 5.1:

Die zur Erreichung von hoher Datenqualität notwendigen Schritte sind weiterhin
auf der operativen Ebene zu finden. Der innere Regelkreis des Risikomanagementprozesses fokussiert daher nochmals diese Konzepte, die schon unter anderem in
Abschnitt 4.2 näher beleuchtet wurden. Ergänzend hierzu sind an dieser Stelle noch
die im Prozessablauf auftretenden Risiken zu berücksichtigen. Der äußere Regelkreis
in der Darstellung ordnet die operativen Funktionsbereiche des Datenqualitätsmanagements in den strategischen Risikomanagementprozess ein. Im Zentrum der
Abbildung 5.1 steht dabei das Managen der unternehmensweiten Risiken als Ganzes.

Die Darstellung soll gleichzeitig auch aufzeigen, dass gerade durch dieses
Vorgehensmodell weitere zuvor nicht identifizierte Risiken aufgedeckt werden.
Wichtig ist hierbei, dass durch das permanente Durchlaufen des Kreislaufes latente
Risiken in das Risikoportfolio aufgenommen werden, die nicht erfasst und somit
auch bis zu diesem Zeitpunkt nicht gemanagt worden sind. Nach Seibold wird das
Risiko, ein Risiko nicht erkannt und erfasst zu haben, als *Riscrisc*[1] bezeichnet. Das
operative Datenqualitätsmanagement ist anhand der Risikomanagementprozesse
ausgerichtet, um sämtliche induzierte Risiken durch Daten an den Prozess-
schnittstellen just in time zu lokalisieren sowie zu vermeiden. Wie bereits erwähnt,
wird hierbei auf den in Abschnitt 2.3 vorgestellten Qualitätsregelkreis zurückgegriffen. Die Datenqualitätsverbesserung umfasst dabei vier wesentliche Schritte,
die an dem PDCA-Zyklus angelehnt sind:

- *Plan:* Diese Phase ist mit der Qualitätsplanung gleichzusetzen. Aufgabe ist
  es, sämtliche Risiken in einer Data Riskcard[2] zu erfassen, diese dann in
  einen Data Riskindex zu transformieren, mit dem Ziel, effiziente Planungsprozesse zur Reduzierung der Risikoeintrittswahrscheinlich entwickeln zu
  können.

- *Do:* Das Äquivalent hierzu ist die Qualitätslenkung. Die Datenqualität und
  Datenqualitätsprozesse müssen im Rahmen der Qualitätslenkung gemessen
  und in quantitativen Kennziffern ausgedrückt werden. Hierfür können die
  Häufigkeitsänderungen der Daten als Hilfsmittel zur Risikobewertung
  herangezogen werden: Je seltener/öfter die Daten modifiziert werden, desto
  höher ist das Risiko.

- *Check:* Dieser Schritt im Prozess – kongruiert mit der Qualitätssicherung –
  lanciert die Qualitätsplanung und Qualitätslenkung bei der systematischen

---

[1] Vgl. Seibold, 2006, S. 25.
[2] Dieser Begriff wird in Abschnitt 5.3 in Bezug auf die Risikoidentifizierung weiter konkretisiert.

Sondierung diverser Risiken. Um die Schadenswahrscheinlichkeit und Eintrittswahrscheinlichkeit eines Risikos (siehe Abschnitt 3.1) zu mindern, werden prädestinierte Maßnahmen ergriffen (siehe Abschnitt 3.2.3).

- *Act:* Die vierte Phase im Prozess entspricht der kontinuierlichen Verbesserung – Qualitätsverbesserung – des operativen Datenqualitätsmanagements. Der KVP fördert die dynamische Steigerung des Datenqualitätsniveaus, wodurch die induzierten Risiken durch Daten weiter gesenkt werden.

Im Folgenden werden mit den nachfolgenden Abschnitten die wesentlichen Schritte des Risikomanagementprozesses diskutiert, die sich in erster Linie auf die strategischen Aufgaben des Datenqualitätsmanagements beziehen. Für die Arbeit ist insbesondere die Risikoidentifizierung und Risikoanalyse von Interesse. Diese zwei Funktionen stellen die zentrale Aufgabe des zu entwickelnden Risiko-Assessments dar und sollen daher detailliert erläutert werden.

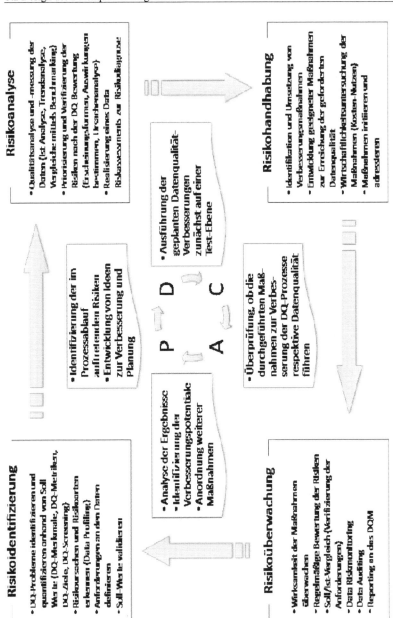

Abbildung 5.1: Regelkreis der Risikomanagementprozesse

5.3 Risikoidentifizierung

Nachdem im vorigen Abschnitt der rollierende Prozess des Risikomanagements in Bezug auf das Datenqualitätsmanagement diskutiert wurde, beschränkt sich dieser Abschnitt auf den ersten Schritt des Risikomanagementprozesses. Entsprechend wird an dieser Stelle also die Risikoidentifizierung beschrieben, die das Ziel hat, sämtliche Risikoquellen im Unternehmen zu identifizieren. Nach wie vor sind in diesem Kontext die folgenden Implikationen zu betrachten.

Zur Durchführung der Risikoidentifizierung werden beispielhaft Stichproben aus einer Risikomanagementdatenbank, bestehend aus relevanten Unternehmensdaten, gezogen, genau evaluiert und die Ergebnisse in ein Formblatt, wie etwa der *Data Riskcard*, eingetragen. Dabei enthalten die sogenannten Data Riskcards eingezeichnete Warn- und Eingriffsgrenzen, um die Risiken angemessener selektieren zu können. Diese Grenzen sind auf jeden Fall als variabel anzusehen und stellen lediglich einen Toleranzbereich dar. Stichprobenergebnisse außerhalb der Eingriffsgrenzen werden auf systematische Einflüsse – wie eine langsame Verschiebung der Daten auf der Data Riskcard – zurückgeführt und erfordern ein sofortiges Eingreifen. Diese Phase im Risikomanagementprozess dient in erster Linie dazu, sämtliche Risiken im Unternehmen zu erfassen und zu dokumentieren. Hierbei wird die Data Riskcard als nützlicher Indikator zur Identifikation von potentiellen Risiken verwendet. Die Risikoidentifizierung wird kontinuierlich mit Hilfe der Data Riskcard beobachtet und flankiert. Im Anschluss daran werden ausgewählte Risiken aus der Data Riskcard zur weiteren Verarbeitung in ein Data Riskindex transformiert. Durch diese Vorgehensweise kann dann schließlich eine konstruktivere Risikobewertung im Sinne der Risikoanalyse erreicht werden.

Der Grundgedanke einer Data Riskcard ist ein Warnmechanismus, der einsetzt wenn Modifikationen an den unterschiedlichen Kenngrößen auftreten und eine hohe Wahrscheinlichkeit dafür besteht, dass dadurch weitere Risiken induziert werden können. An dieser Stelle kann dann aus dem Stichprobenergebnis ersehen werden, ob es sich um voneinander unabhängige Risiken oder einer Korrelation multipler Risiken handelt. Insgesamt protegiert dieses Vorgehen auch eine sinnvollere Überwachung der Risiken.

Im Data Riskindex werden demnach sämtliche Risiken agglomeriert, so dass dadurch die Risiken zur weiteren Aufarbeitung kalkulierbarer dokumentiert werden. Bei der Erfassung der Risiken können dann immer noch Probleme entstehen, die da sind:

- Die Daten lassen sich nicht eindeutig auswerten.

- Die Daten korrelieren so stark miteinander, dass diverse Risikoquellen nicht mehr akkurat identifiziert werden können.

- Die Daten sind im gesamten Unternehmen verstreut, so dass eine adäquate Aggregation der Risiken erschwert wird.

Es ist festzuhalten, dass die Erstellung einer systematischen Data Riskcard trivial ist, während die Priorisierung der inhaltlichen Aspekte viele Schwierigkeiten bereitet. Aus diesem Grund ist es auch vorteilhaft, die Abhängigkeiten zwischen den Daten anhand eines Risiko-Assessments eindeutig zu identifizieren. Vor allem kann darüber hinaus – bei der Aggregation der Daten – kein verfälschter *Data Riskindex*[3] mehr entstehen. Demnach sind die Daten im Data Riskindex ständig sichtbar, so dass die Risiken nicht als Einzelrisiken betrachtet werden können. Des Weiteren werden in gleicher Weise noch die Korrelationen zwischen den Daten an und für sich fokussiert.

Bei der Risikoidentifizierung geht es also darum, nach Möglichkeit alle potentiellen Risiken zu spezifizieren, wobei nicht auf die Wahrscheinlichkeit oder Wichtigkeit der Risiken geachtet wird. Es handelt sich ausschließlich um eine Bestandsaufnahme im Sinne der Data Riskcard. Da dieser Schritt viele Ressourcen im Unternehmen in Anspruch nimmt, könnte man sich – wie bereits oben erwähnt – mit dem Stichprobenverfahren aus der Statistik behelfen. Hierzu wird also eine Teilmenge des gesamten Datenpools – wie etwa Data-Warehouse oder Middleware – untersucht. Grundgedanke dieser effizienten Methode ist das Induktionsprinzip, bei dem von besonderen auf allgemeine Fälle geschlossen wird. Aus den Ergebnissen eines Risiko-Assessments kann dann von möglichen Ursachen schlechter Datenqualität auf weitere Auswirkungen geschlossen werden. Aus einer kleinen repräsentativen Datenmenge können somit kostengünstig Risiken identifiziert werden. Demgegenüber steht ein Data-Mining Verfahren, das keine Automatisierung und somit auch keine Zeit- und Kostenersparnis nach sich zieht.

Ein aktuelles Risiko in der IT-Branche ist die Validierung einer Middleware, was häufig auf die Schnittstellenproblematik zwischen verschiedenen Systemen zurückzuführen ist. Eine Verschlechterung der Datenqualität, besser gesagt ein Rollback, tritt im einfachsten Fall dann auf, wenn eines von zwei Systemen erneuert wird und dadurch die Schnittstelle zu dem zweiten System nicht mehr ausreichend oder überhaupt nicht mehr funktioniert. Es kommt zu fehlerhaften Daten in der Middleware, die unter anderem den Transport komplexer Daten (sogenanntes Messaging) zu organisieren hat. Eine unzureichende Datenqualität wird also durch eine Vielzahl von Faktoren induziert. Die Auslöser sind meist in tieferliegenden Ebenen zu suchen. Hierbei ist zu klären, inwieweit sich akute und latente Datenqualität-Mängel herausfiltern lassen, die ihren Ursprung in diversen Unterschichten haben und subsummiert in ernsthafte Risiken für das Unternehmen münden.

Kritische Punkte in Bezug auf die Datenqualität in den Zielsystemen könnte ein Systembruch oder ein Medienbruch sein. Man geht zudem davon aus, dass durch einen Medienbruch die Informationskette des Informationsbeschaffungsprozesses oder des Informationsverarbeitungsprozesses erschwert, verlangsamt und unter

---

[3] Hierunter ist ein Katalog bestehend aus aggregierten Risiken zu verstehen, der aus einer ausge-werteten Data Riskcard resultiert.

Umständen auch die Datenqualität gemindert wird. Da es nun äußerst kostenintensiv ist, die Schnittstellen kontinuierlich ‚von Hand' zu inspizieren und die Middleware obendrein sehr groß und schwerfällig ist, sollte ein Risiko-Assessment systematisch durchgeführt werden. Die Stichprobengröße spielt eine große Rolle, um eine Kenngröße mit einer bestimmten Qualität[4] zu ermitteln. Die Kenngröße eines Programmes wird dabei auf einen Kontrollflussgraphen abgebildet, so dass ein Wert gemessen werden kann, der dem Assessor auf eine mögliche Evaluierung der Datenqualität hinweist. Hinter dieser Metrik steckt der Gedanke, dass es ab einer bestimmten Komplexität für den Menschen nicht mehr begreifbar ist, aus welchen Untersystemen die schlechte Datenqualität resultiert. Ein weiterer Vorteil ist der automatisierte Ablauf, bei dem systematisch induzierte Risiken durch Daten vermieden und statistisch belegbar werden. Ferner bietet sich eine Metrik als gutes Instrument zur Risikoüberwachung an.

Die identifizierten Risikoquellen stellen in der Regel die Messpunkte dar, an denen eine Überprüfung der Datenqualität möglich und sinnvoll ist. Prinzipielle Ansätze und Impulse zur weiteren Risikoidentifizierung resultieren unter anderem auch aus dem Data-Ownership-Konzept, da die Verantwortung für die Identifikation von akuten und latenten Datenqualität-Mängel bekanntlich bei den unterschiedlichen Rollen im Data-Ownership-Konzept liegt (siehe Abschnitt 4.1).

5.4 Risikoanalyse

In dem vorangegangenen Abschnitt wurden einige Möglichkeiten, Ansatzpunkte sowie Informationen zu einer intensiveren Ermittlung von Risiken aufgezeigt. Infolgedessen kann in diesem Schritt – der Risikoanalyse – des Risikomanagement- prozesses eine gründliche Analyse der Risiken sichergestellt werden, da sich diese Phase nun ausschließlich auf die richtigen Risiken konzentrieren kann.

Eine der grundlegenden Aufgaben der Risikoanalyse ist, die Risikoeintritts- wahrscheinlichkeit sowie die daraus resultierende Schadenswahrscheinlichkeit für das Unternehmen zu bestimmen. Der im Abschnitt 5.3 erörterte Data Riskindex entscheidet über die Erfassung als DQ-Mangel, so dass nach dieser Phase die gemeldeten DQ-Probleme hinsichtlich Ursachen, Auswirkungen sowie Kosten/ Nutzen nur noch grob analysiert werden müssen. Anhand der im vorherigen Abschnitt vorgestellten Data Riskcard können die analysierten DQ-Probleme konkret präsentiert werden, mit dem Ziel, eine auf den Punkt genaue Bewertung der Risiken zu erhalten. Folglich werden die Risiken in einem Risikoportfolio extrapoliert, so dass hiermit eine akkuratere Priorisierung der Risiken vorgenommen werden kann. Diesem Schritt geht eine IST-Analyse und Trendanalyse der Daten voraus. Ferner können die Daten mittels eines Benchmarkings evaluiert werden.

---

[4] Die ‚Qualität' ist in diesem Kontext im Sinne von Repräsentativität zu interpretieren.

Mit Hilfe eines Stichprobenwertes kann das Ausmaß der induzierten Risiken durch Daten quantifiziert werden. Ein Beispiel hierfür ist die *Änderungshäufigkeit* der Daten, an der schließlich die Risikoeintrittswahrscheinlichkeit ermessen werden kann (siehe Abschnitt 5.2). Darüber hinaus können die hierbei auftretenden Risiken stichprobenartig gezählt werden, und außerdem ist bei einer ausreichend großen Anzahl von Stichproben die Qualität und Güte der Daten quantifizierbar. Problematisch sind hier jedoch die notwendigen Preprocessings, die zu erheblichem Zusatzaufwand und damit zu hohen Kosten führen. Des Weiteren kann anhand der Änderungshäufigkeit der Daten evaluiert werden, ob die Risikoeintrittswahrscheinlichkeit weiterhin steigt oder sinkt. Denkbar ist auch die Betrachtung der Änderungshäufigkeiten bestimmter Daten, um darauf auf die mögliche Intensität der Risiken zu schließen. Zu diesem Zweck sind ebenso die Durchschnittswerte für die Änderungshäufigkeit der Daten übersichtlich gegenüberzustellen. Infolgedessen lässt sich somit auch ein Trend in Hinblick auf die Risiken herauskristallisieren. Ergänzend dazu wird ein Risiko-Assessment durchgeführt, so dass weiterhin eine fundierte Aussage hinsichtlich der aktuellen Risikosituation im Unternehmen getroffen werden kann.

Es sei darauf hingewiesen, dass die Qualitätsanalyse und -messung der Daten nicht genügend Sicherheit gibt, um die Risiken auch alle korrekt einzuschätzen. Daher sollte an dieser Stelle eine Verifizierung der Ergebnisse folgen, um objektive Nachweise für die Risiken, die über die subjektiven Einschätzungen der einzelnen Rollen im Data-Ownership-Konzept – wie in Form eines Risiko-Assessments (siehe dazu Kapitel 6) – hinausgehen, zu erhalten.

Eine Risikobewertung mittels Fragebögen lässt sich schnell und mit überschaubarem Aufwand durchführen, insbesondere, wenn dabei auf sogenannte Onlinefragebögen zurückgegriffen wird. Es sei hierbei angemerkt, dass diese Methode vorzugsweise als Einstiegsmethode dienen sollte oder aber in Ergänzung zu den in Abbildung 3.2 zusammengestellten Methoden Anwendung findet. Ebenso sind noch eine Reihe von weiteren, ausgewählten Methoden der Risikoanalyse (siehe Abschnitt 3.2.) adäquat zu modifizieren und in den gesamten Risikomanagementprozess zu integrieren, um nach wie vor einen hohen Nutzen in dieser Phase erzielen zu können. Man spricht in diesem Kontext auch von einem Tailoring der Methoden. Dieser Schritt sorgt dafür, dass mit großer Wahrscheinlichkeit die signifikantesten Risiken sowohl entdeckt als auch im Risikoportfolio registriert werden.

5.5 Risikohandhabung

Um prädestinierte Maßnahmen zur Behebung von DQ-Mängel sowohl moderieren als auch koordinieren zu können, sollten ad hoc sämtliche Risiken durch den vorherigen Schritt – der Risikoanalyse – im Risikomanagementprozess identifiziert sein. Die Prämisse hierzu ist die Realisierung eines aussagekräftigen Risiko-Assessments.

Die Risikohandhabung umfasst im Wesentlichen proaktive Entscheidungen und Maßnahmen, die kontinuierlich

- bewerten, welche DQ-Mängel gemanagt werden können.

- ermitteln, bei welchen DQ-Mängel Maßnahmen erforderlich sind.

- festlegen, welche Strategien zur Begrenzung dieser DQ-Mängel verfolgt werden sollten (siehe Abbildung 3.3, Seite 33).

Die Abbildung 5.2 liefert diverse Ansatzpunkte für einen effizienten Einsatz von Verbesserungsmaßnahmen, mit dem Ziel, die erforderliche Datenqualität, angesichts derer die Risiken eingeschränkt werden, zu erreichen. Die dargestellte Abbildung ist in vier Felder klassifiziert, welche zugleich die Initialisierung von Risikohandhabungsmaßnahmen priorisieren. Der vierte Quadrant hat die niedrigste Priorität. In diesem kann mit den DQ-Mängeln nach dem *"Laissez-faire"-Prinzip* gelebt werden, das heißt also, dass das Datenqualitätsmanagement nicht aktiv in die Risikohandhabungsmaßnahmen eingreift. Die höchste Priorität wird mit dem ersten Quadranten bemessen. Um die Basis für ein proaktives Datenqualitätsmanagement schaffen zu können, sind Präventivmaßnahmen zur Risikoreduzierung zu initiieren. Diese Maßnahmen können unterdessen effizient ausgeführt werden mit Hilfe des in Abschnitt 4.1 vorgestellten Data-Ownership-Konzepts. Die notwendigen Schritte können nun konkret an die jeweiligen Data-Owner adressiert werden.

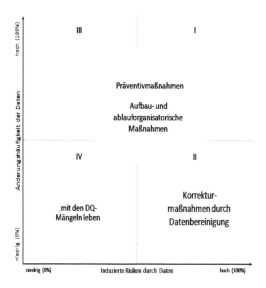

Abbildung 5.2: Proaktive und korrigierende Maßnahmen zur Risikoreduzierung[5]

---

[5] Quelle: Eigene Darstellung in Anlehnung an Internes Dokument, S.9.

Die aus der Abbildung 5.2 resultierenden Problemstellungen sind unter anderem: Wie geht man mit Daten um, die selten geändert werden (sprich eine niedrige Änderungshäufigkeit haben), aber dafür hohe Risiken mit sich bringen. Daten, welche selten geändert werden, sind dementsprechend nicht so oft Reviews unterzogen. Folglich ist es auch schwierig, diese latenten und brisanten Risiken in den Griff zu bekommen. In diesem Kontext ist noch das *Pareto-Prinzip* zu erwähnen, nach dem gilt: 20% der DQ-Mängel sind für 80% der auftretenden Risiken verantwortlich. Die Realisierung eines Risiko-Assessments kann an dieser Stelle Abhilfe schaffen. Demzufolge werden nun vorzugsweise diejenigen DQ-Mängel konstatiert, die für den größten Teil der Risiken verantwortlich sind. Je später die DQ-Mängel eruiert werden, desto größer sind in der Regel deren Auswirkungen. Das Risiko-Assessment ist demnach ein entscheidendes Instrument für ein effektives Datenqualitätsmanagement.

5.6 Risikoüberwachung

In den zurückliegenden Abschnitten wurden bereits diverse Instrumente und Methoden für die einzelnen Phasen des Risikomanagementprozesses präsentiert, die sich in gleicher Weise besonders gut zur Risikoüberwachung verwenden lassen. Es ist daher aus ökonomischer Sicht sinnvoll, in dieser Phase auf ausgewählte Instrumente und Methoden der Risikoidentifizierung und Risikoanalyse aufzusetzen oder zumindest auf diese zurückzugreifen.

Die Überwachung der Risiken sorgt nicht nur für eine deutliche Verbesserung der Datenqualität, sondern darüber hinaus noch für eine langfristige positive Entwicklung des Datenqualitätsmanagements in einem Unternehmen. Beispielhaft gewährleistet ein Monitoring eine fortlaufende Überwachung der relevanten Datenqualitätsprozesse und damit eine kontinuierliche Konsolidierung und Verbesserung der Datenqualität. Des Weiteren werden die Risiken regelmäßig – täglich, wöchentlich, monatlich oder quartalsweise – anhand von Datenabgleichen überwacht. Daneben kann hier auch eine finale Version des Risiko-Assessments Anwendung finden.

Durch die Phase der Risikoüberwachung wird schließlich der Regelkreis des Risikomanagementprozesses geschlossen (siehe Abschnitt 3.2.4). Danach werden durch das Datenqualitätsmanagement sämtliche Ergebnisse im Prozess und insbesondere Verbesserungspotentiale in Bezug auf die Datenqualität kontinuierlich zusammengetragen, validiert und dokumentiert (siehe Abbildung 5.1, Seite 61). Assistiert werden diese Schritte durch permanente, automatisierte Qualitätsprüfungen.

5.7 Zusammenfassung

Die grundlegende Erkenntnis dieses Kapitels ist, dass das IT-Risikomanagement zukünftig stärker um Datenqualitäts-Themen erweitert werden muss. Darüber hinaus muss auch die Integration des Datenqualitätsmanagements in einen Risikomanagementprozess bezüglich der Risiko-Assessments weiter vervollständigt werden.

Anhand des Abschnitts 5.1 wurde zunächst das Risikomanagement speziell für Datenqualität beschrieben. Hierbei wurde insbesondere der betriebswirtschaftliche Hintergrund des Risikomanagements beleuchtet. Außerdem wurde darauf hingewiesen, dass Managemententscheidungen von Datenqualitätsaspekten suggeriert werden.

Ein wesentliches Ergebnis dieses Kapitels wurde mit der Abbildung 5.1 auf Seite 61 festgehalten. Grundsätzlich wurde darin der gesamte Risikomanagementprozess in Bezug auf die Datenqualität anschaulich dargestellt. Im Fokus des Konzepts steht dabei das Managen der unternehmensweiten Risiken als Ganzes. Aus diesem Grund ist es obendrein noch sinnvoll, eine Gesamtrisikoaussage unter der Zuhilfenahme einer Risikobewertungsmatrix (siehe hierzu Teil III der Arbeit) vorzunehmen.

Ausgehend von dem in Abschnitt 5.2 konzipierten Datenqualität-Regelkreis, der an einem Risikomanagementprozess assimiliert worden ist, wurden in den darauffolgenden Abschnitten die einzelnen Schritte des Gesamtprozesses konkretisiert. In der Phase der Risikoidentifizierung werden diverse Risikoquellen anhand von Stichprobenprüfungen quantifiziert. Diese Vorgehensweise ist von Vorteil, da somit die Risiken zu vergleichsweise geringen Evaluierungskosten schnell und effizient eruiert werden können. Darüber hinaus sollten die im Abschnitt 5.3 vorgestellten Konzepte mit den in Abbildung 3.2 auf Seite 29 aufgeführten Methoden zur Risiko-identifizierung kombiniert werden. Im nächsten Schritt – der Risikoanalyse – wird die Risikowahrscheinlichkeit wiederum mittels Stichproben festgestellt. Hierfür wird die Änderungshäufigkeit der Daten als Kriterium für eine Reihe von auftretenden Risiken herangezogen (siehe Abschnitt 5.4, Seite 64). Ferner werden weitere Daten durch ein Risiko-Assessment revidiert, mit dem Ziel, wirkungsvolle Maßnahmen zur Behebung der DQ-Mängel ausarbeiten zu können (siehe Abschnitt 5.5, Seite 65). Im Anschluss daran erfolgt die Phase der Risikoüberwachung, dessen Ergebnisse nur so gut sein können wie die zuvor konstatierten Risiken. Daraus resultiert einerseits die Notwendigkeit einer akkuraten, zuverlässigen Risikodiagnose und andererseits wird dadurch abermals die Signifikanz eines Risiko-Assessments im Datenqualitäts-management unterstrichen.

Zur Unterstützung des Datenqualitätsmanagements bei der Evaluierung von induzierten Risiken durch Daten ist das Risiko-Assessment damit am weitesten geeignet. Das Risiko-Assessment begleitet den Risikomanagementprozess durchgängig von der Risikoidentifizierung bis zur Risikoüberwachung. Dabei hilft es, die Risiken effizient zu vermindern oder gar zu eliminieren.

Kapitel 6

Ansatz für ein Gestaltungsmodell

In diesem Kapitel werden zunächst einmal mit Abschnitt 6.1 die Rahmenbedingungen für die Realisierung eines Risiko-Assessments erörtert. Aufbauend darauf wird im nachfolgenden Abschnitt ein prädestiniertes Datenqualität-Netzwerk vorgestellt, das die Prämisse für eine effiziente Durchführung eines Risiko-Assessments ist. Basierend auf dem Datenqualität-Netzwerk wird in Abschnitt 6.3 ein Risiko-Assessment in Form von diversen Fragebögen realisiert. Zu diesem Zweck wird das Risiko-Assessment an den unterschiedlichen Rollenteilnehmer des Data-Ownership-Konzepts adressiert sein. Im Anschluss daran wird durch Abschnitt 6.4 eine Auswertung des Gesamtkonzepts vorgenommen. Daneben wird noch eine Grundanalyse für das weitere Vorgehen in Bezug auf den Teil III der Arbeit – Umsetzung und Evaluation – durchgeführt (siehe Abschnitt 6.5). Abschließend werden in dem Abschnitt 6.6 die Resultate des gesamten Kapitels resümiert.

6.1 Rahmenbedingungen

In diesem Abschnitt werden die charakteristischen Rahmenbedingungen für die Realisierung eines standardisierten Risiko-Assessments analysiert. Um die induzierten Risiken durch Daten für die Unternehmensleitung und den betroffenen Data-Owner systematisch beschreiben zu können, ist ein Gestaltungsmodell in Form eines Risiko-Assessments unabdingbar.

Anhand des Gestaltungsmodells werden die Risiken im Unternehmen schließlich flagranter und kalkulierbarer gemacht. Für diesen Zweck werden in den folgenden Abschnitten nicht nur die Ziele eines Risiko-Assessments (siehe Abschnitt 6.1.1), sondern auch die zentralen Problemfelder (siehe Abschnitt 6.1.2) näher beleuchtet.

6.1.1 Ziele eines Risiko-Assessments

Das Ziel der vorliegenden Arbeit ist die Entwicklung eines Risiko-Assessments. Dieses muss die induzierten Risiken durch Daten in den komplexen Geschäftsprozessen abfragen und auswerten können. Eine geeignete Metrik sollte es zudem erlauben, bestimmte Fragen des Assessments unterschiedlich zu gewichten. Des

Weiteren sollte das Assessment ein breites Einsatzgebiet haben, so dass Daten-qualitätsprozesse im Unternehmen (oder ein Teil daraus) modelliert und automatisch evaluiert werden können, etwa bezüglich Datenqualität bei Verwendung bestimmter Systeme zur Eingabe von Transaktionsdaten, usw.

Aufgrund der Komplexität heutiger IT-Landschaften ist eine strukturierte, grafische Darstellung, eine Visualisierung, wünschenswert, mit der Möglichkeit, die Komplexität durch Dekomposition in separate Fragestellungen zu reduzieren. Das Modell soll als Grundlage für das in Kapitel 7 zu entwickelnde Risiko-Assessment – bezogen auf das Anwendungsbeispiel Banken – dienen.

Die Durchführung eines Risiko-Assessments wird folgende Ergebnisse liefern, die da sind:

- Eine umfassende Auswertung über die analysierten Daten, und darüber hinaus Schlussfolgerungen und Empfehlungen für das weitere Vorgehen.

- Eine detaillierte Beschreibung der Assessment-Ergebnisse und empfohlene Lösungen in Hinblick auf die definierten Problembereiche.

Abschließend sei noch zu erwähnen, je konkreter das Bild von den Risiken durch das Risiko-Assessment wird, desto detaillierter kann auch die Risikoüberwachung (siehe Abschnitt 5.6) ablaufen.

6.1.2 Zentrale Problemfelder

Es ist zu beachten, dass das Risiko-Assessment nicht alle Risiken identifizieren kann. Auch bei einer profunden Auswertung der Risiken wird daher eine gewisse Anzahl von Restrisiken verbleiben, für die keine Planung von Präventivmaßnahmen möglich respektive nötig ist. Diese unbekannten Risiken sollten deswegen durch eine generelle Maßnahmenplanung in Form von Datenqualitätssicherungsmaßnahmen abgedeckt und eingedämmt werden.

Nach wie vor kann sich durch ein Risiko-Assessment die Datenqualität rein objektiv verbessern, doch in den Köpfen der befragten Assessment-Teilnehmer besteht weiter die Meinung, die operativen Tätigkeiten mit einer schlechten Datenqualität auszuführen. Diese Information lässt sich jedoch ausschließlich aus Interviews und nicht aus automatisierten Assessments herauskristallisieren und hilft obendrein dem Assessor, weitere Probleme zu diagnostizieren. Ein zentrales Problem bei der Durchführung eines Risiko-Assessments ist außerdem noch der Zeitdruck, da die Risiko-Assessments ergänzend zu den operativen Aufgaben durchgeführt werden. Dies ist auch der Grund dafür, dass das Risiko-Assessment nur funktionieren kann, wenn ranghohe Führungskräfte aus dem erweiterten Kreis der Unternehmensleitung die Verantwortung für die Risiko-Assessments übernehmen und entsprechend geeignete Mitarbeiter, wie z.B. Daten-Stewards, damit beauf-tragen, die Risiko-Assessments flankierend für sie zu managen.

Abschließend sei noch anzumerken, dass auch im Verlauf des Risiko-Assessments viele Fehler entstehen können, die nicht gleich identifiziert werden und somit schwerwiegende Folgen haben können. Die Aufgabe des Data Riskmanagers ist es daher diese systematisch zu lokalisieren, zu begutachten und dementsprechend zu reduzieren (siehe Abschnitt 4.1).

6.2 Datenqualität-Netzwerk

Das in diesem Abschnitt entworfene Datenqualität-Netzwerk dient primär dazu, eine konstruktive Basis für die organisatorische Abwicklung des Risiko-Assessments zu schaffen.

Es ist festzuhalten, dass die Unternehmensleitung dafür verantwortlich ist, sich nicht nur mit der Beschreibung sowie dem Konzept eines Risiko-Assessments zufrieden zu geben. Zwar gewinnt man dadurch auf der einen Seite mehr Transparenz in Bezug auf die Datenqualitätsprozesse im Unternehmen, aber auf der anderen Seite wird die Bedeutung jedoch erst dann deutlich, wenn auch die relevantesten Risiken im Unternehmen mit Hilfe des Risiko-Assessments in Kennzahlen erfasst, mit Datenqualitätszielen belegt und regelmäßig zum Zweck der Steuerung überwacht werden.

Bei der Risikodiagnose (siehe Abschnitt 5.3 und 5.4) sollen sowohl die unterschiedlichen Rollenteilnehmer des Data-Ownership-Konzepts als auch die DQK als Experten ihrer täglichen Arbeit in Form eines automatisierten Risiko-Assessments befragt werden. Die DQK können dabei helfen, von den Data-Owner nicht beachtete Aspekte zu durchleuchten und deren subjektive Ansichten zu objektivieren.

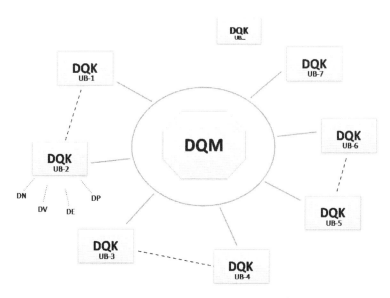

Abbildung 6.1: Aufbau eines stabilen Datenqualität-Netzwerkes[1]

Die obige Abbildung illustriert den stabilen Aufbau eines Datenqualität-Netzwerkes. Hierbei wird jedem Unternehmensbereich ein DQK zugewiesen. Die DQK sind demnach die zentrale Anlaufstelle für die unterschiedlichen Rollen-teilnehmer des Data-Ownership-Konzepts. Dieses Vorgehen schafft zum einen fachliche Nähe und fördert zum anderen das gegenseitige Verständnis und erleichtert darüber hinaus noch die Kommunikation. Ferner können noch die differenten Unternehmensbereiche mit affinen Datenqualitäts-Themen gebündelt werden, so dass einerseits die Datenflüsse innerhalb des Unternehmens transparenter werden, und andererseits die Risiko-Assessment effektiver implementiert werden können.

Anhand des Datenqualität-Netzwerks werden die Aufgaben des DQM sowohl zentral als auch dezentral allokiert. Die zentralen Aufgaben des DQM sind in erster Linie dem Abschnitt 4.4 zu entnehmen. Folglich werden an dieser Stelle ausschließ-lich die prinzipiellen Aufgaben der dezentralen DQK aufgeführt, die da sind:

- Qualitätsbeauftragter für relevante Datenqualitäts-Themen.

- Steuerung der Aktivitäten zur Planung und Lenkung der auszuführenden Risiko-Assessments sowie die Sicherung der daraus resultierenden Ergeb-nisse.

- bereichsinterne Durchführung eines Risiko-Assessments.

---

[1] Quelle: Eigene Darstellung in Anlehnung an die Quelle: Internes Dokument, 2007, S.15.

- bereichsübergreifende Durchführung eines Risiko-Assessments durch Bündelung von verwandten Datenqualitäts-Themen anderer DQK.

- Mitarbeit in Datenqualität-Workshops (siehe Abschnitt 4.3 und 4.4).

Durch das Datenqualität-Netzwerk lassen sich die Fragebögen zweckgerichtet an die unterschiedlichen Rollen des Data-Ownership-Konzepts adressieren. Der DQK hilft dabei, die Fragebögen effizienter zu allokieren und unterstützt zudem den Assessor bei der Auswertung der Ergebnisse. Im Anschluss daran werden mit Hilfe der DQK Aktionspläne[2] entwickelt, mit Hilfe derer sich zum einen eine bessere Datenqualität erreichen lässt, und zum anderen für ein hohes Datenqualitätsniveau garantiert wird. Das Datenqualität-Netzwerk macht demnach den organisatorischen Ablauf des durchzuführenden Assessments im Ganzen transparenter.

Es sei noch zu erwähnen, dass ein etabliertes Datenqualität-Netzwerk die Prämisse für die Initiierung eines Risiko-Assessments ist (siehe Abschnitt 3.4, Seite 35). Darüber hinaus erzielt ein institutionalisiertes Datenqualität-Netzwerk im Unternehmen eine höhere Reifegradstufe innerhalb eines Reifegradmodells (siehe Tabelle 3.1).

6.3 Realisierung eines Risiko-Assessments

Basierend auf dem konzipierten Datenqualität-Netzwerk (siehe Abbildung 6.1) aus dem vorigen Abschnitt, erfolgt in diesem Abschnitt nun die Durchführung des Risiko-Assessments in Hinblick auf den ausgewählten Rollen des Data-Ownership-Konzepts. Die Datenqualität lässt sich dabei anhand von technischen und fachlichen Fragestellungen in vier Dimensionen messen. Diese Dimensionen entsprechen den unterschiedlichen Rollen des Data-Ownership-Konzepts:

- Fragebogen an den Datenerfasser

- Fragebogen an den Datennutzer

- Fragebogen an den Datenverarbeiter

- Fragebogen an den Datenprüfer

Insgesamt sind im Rahmen des Risiko-Assessment zu den oben genannten Dimensionen eine Reihe von Fragen zu beantworten. Fragen, wie z.B.: Inwieweit wird das Data-Ownership-Konzept in Ihrem Unternehmen gelebt oder inwieweit ist Ihnen das Prinzip des PDCA-Zyklus bekannt, sind nicht in dem Fragebogen enthalten, da dieses Wissen bereits vorausgesetzt wird. Nachdem das Assessment

---

[2] Unter einen Aktionsplan versteht man die Beschreibung der zu unternehmenden Schritte zur Datenqualitätsverbesserung.

durchgeführt wurde, sind die Aussagen automatisiert auszuwerten, mit dem Ziel, sämtliche Dimensionen in einen Gesamtkontext bringen zu können.

Zu jeder der vier Dimensionen sind in den nachstehenden Fragebögen (siehe Abschnitt 6.3.1 bis 6.3.4) eine Reihe von Einzelfragen zu beantworten. Dazu sind zu den Einzelfragen jeweils sachliche Einschätzungen (subjektiv) dahingehend zu treffen, inwieweit die jeweilige Frage anhand einer arabischen Schulnotenskala zu bewerten ist. Hierzu wird nun pro Frage eine 10-Punkte-Skala (1...10) vorgeschlagen, wobei 1 „ungenügend" und 10 „sehr gut" bedeutet. Darüber hinaus kann das Ausfüllen des Fragebogens im Rahmen eines persönlichen Interviewtermins unterstützt werden, bei dem zugleich erste Anhaltspunkte bezüglich unzureichender Datenqualität sowie möglicher Verbesserungspotenziale identifiziert werden können.

Die nachfolgenden Fragebögen wurden aus diversen Quellen des aufgeführten Literaturverzeichnisses der Arbeit abgeleitet und stellen Fragen zum Status quo der Datenqualität eines Unternehmens. Die Idee dabei ist es, die entwickelten Fragebögen zu verwenden, um ein Risiko-Assessment im Unternehmen zu verwirklichen. Die erstellten Fragebögen können darüber hinaus als Indikator dafür dienen, welchen Reifegrad ein Unternehmen bezüglich Datenqualität sowie Datenqualitätsprozesse hat. Im Weiteren wurde auf eine Aufteilung der Fragen auf die fünf Level des CMM (siehe Tabelle 3.1) aus verschiedenen Gründen verzichtet. Neben dem bereits erwähnten Zeitdruck bei der Realisierung eines Risiko-Assessments (siehe Abschnitt 6.1) sind zum einen nicht alle Fragen gerade einem bestimmten Level zuzuordnen, und zum anderen steht weiterhin der Kosten-Nutzen-Faktor im Vordergrund.

Für die technische Realisierung des Risiko-Assessments wurde eine XAMP[3]-Infrastruktur installiert. Die verwendete Hardware basiert auf einem Intel Pentium Centrino Prozessor (1,9 GHz) mit 1024 MB RAM als Server. Als Betriebssystem wurde Windows XP verwendet. Die Fragebögen wurden in HTML erstellt, so dass noch ein PHP-Skript programmiert wurde, dass auf einem Web-Server ausgeführt wird und die vom Befragten eingegebenen Antworten in Empfang nimmt und in die MySQL-Datenbank schreibt. Im Anhang der Arbeit wird das Skript abgedruckt, bei dem auch die Implementation des Programmcodes vorgestellt wird. Um das Verständnis für die Durchführung des Risiko-Assessments zu steigern, soll mit der nachstehenden Abbildung zunächst der Ablauf der Befragung skizziert werden. Eine detaillierte Erläuterung der technischen Realisierung erfolgt – wie oben bereits erwähnt – in Verbindung mit dem im Anhang A publizierten Skript (siehe Abschnitt A.1, Seite 124). Weiterhin werden an dieser Stelle einige Detailergebnisse hinsichtlich der Realsierung vorgestellt (siehe Abschnitt A.2, Seite 124).

---

[3] XAMP ist ein Akronym für den kombinierten Einsatz von Programmen auf Basis eines ausgewählten Betriebssystems. Die einzelnen Buchstaben des Akronyms stehen in diesem konkreten Fall für die folgenden verwendeten Komponenten: Windows, Apache, MySQL und PHP. Dieses Bündel aus Programmen stellt die in dieser Arbeit verwendete Distribution dar.

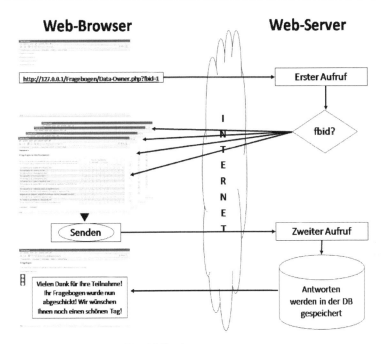

Abbildung 6.2: Der Ablauf des Risiko-Assessments

Die Abbildung 6.2 zeigt den Ablauf eines Risiko-Assessments aus Benutzersicht. Die Client-Server Architektur gestattet demnach eine leichte Durchführung des Risiko-Assessments. Der Client ist der bereits installierte übliche Web-Browser der zu befragenden Rollenteilnehmer des Data-Ownership Konzepts. Im Web-Browser wird die entsprechende Dimension ausgewählt und der betreffende Fragebogen aufgerufen. Dieser wird vom Benutzer ausgefüllt und wieder an den Web-Server gesendet. Durch einen zweiten Aufruf werden schließlich die Assessment-Ergebnisse in die Datenbank geschrieben und gleichzeitig ein Bestätigungs-Text an den Web-Browser des Befragten zurückgesendet.

Zur Überprüfung der induzierten Risiken durch Daten stehen dem Datennutzer, Datenerfasser, Datenverarbeiter und Datenprüfer in den folgenden Abschnitten adäquate Fragenkataloge zur Verfügung. Dabei wird nach jeder abgearbeiteten Frage ein Kreuz in die rechte Spalte gesetzt. Es sei daran erinnert, dass die nachfolgenden Fragebögen die Möglichkeit bieten, sich auf strukturierte Weise einen ersten Überblick über die vorhandene Datenqualität im Unternehmen zu verschaffen.

6.3.1 Fragebogen an den Datennutzer

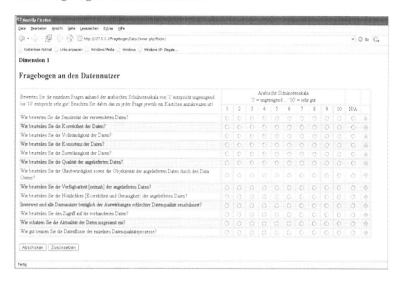

6.3.2 Fragebogen an den Datenerfasser

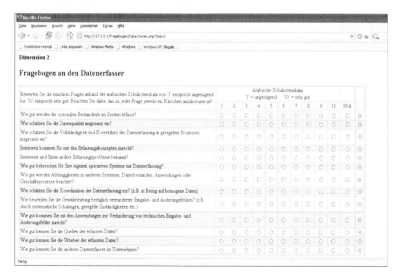

6.3.3 Fragebogen an den Datenverarbeiter

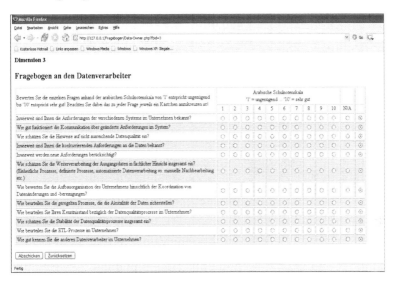

6.3.4 Fragebogen an den Datenprüfer

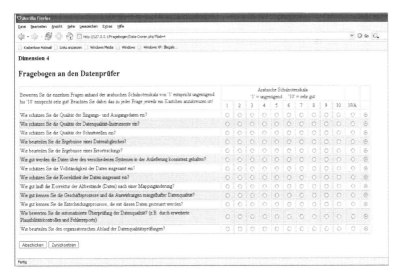

6.4 Auswertung des Konzepts

Nachdem die Erhebung sämtlicher Aussagen für die einzelnen Dimensionen in Bezug auf den Status quo der Datenqualität im Unternehmen abgeschlossen wurde (siehe Abschnitt 6.3.1 bis 6.3.4), folgt in diesem Abschnitt die Auswertung der Befragungsergebnisse.

Im vorigen Abschnitt wurde erörtert, an welchen Dimensionen der Datenqualität-Status im Unternehmen gemessen werden kann. Unter diesem Aspekt werden nun die Ausprägungen hinsichtlich der jeweiligen Bewertungsstufen vorgestellt. Die Abbildung 6.3 illustriert das Grundprinzip, nach dem die Auswertungen der einzelnen Assessments vorgenommen werden.

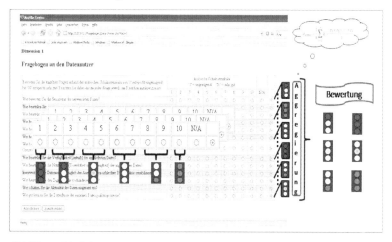

Abbildung 6.3: Schema zur Auswertung des Konzepts

Anhand dieses Konzepts lässt sich nun für jedes spezifische Unternehmen der Datenqualität-Status über alle Dimensionen bestimmen. Es ist zu beachten, dass das Risiko-Assessment in der Regel nicht eindeutig den Datenqualität-Status quantifiziert. Des Weiteren wird es stets einzelne Antworten geben, die eine höhere Bewertung erhalten als andere. Dennoch sollen die in der Abbildung 6.3 dargestellten Aggregationsstufen gelten und in Verbindung mit den unterschiedlichen Ampelzuständen für die einzelnen Bewertungen Anwendung finden. Ferner werden die Ergebnisse eines Risiko-Assessments im Überblick zu einem Schema zusammengefasst (siehe Tabelle 6.1).

Die Aufgabe der Metrik ist es, sämtliche Befragungsergebnisse zu aggregieren und über das arithmetische Mittel ein Gesamtergebnis zu errechnen (siehe Abbildung A.1, Seite 126). Der Schwerpunkt dieser vorgestellten Metrik liegt auf der Aggregationsfähigkeit von Qualitätskennzahlen. Wie bereits aus der obigen Abbildung hervorgeht, werden den Kennzahlen unterschiedliche Ampelfarben zugewiesen. Diese Vorgehensweise hat den Vorteil, die subjektiven Einschätzungen der

Befragten effizienter zu summieren und die Auswertung zweckmäßiger zu automatisieren.

Ampelfarbe	Indikator für …	Ampelfarbe	Indikator für …
	eine miserable Datenqualität!		eine katastrophale Datenqualität!
	eine akzeptable Datenqualität!		eine zu redigierende Datenqualität!
	eine exzellente Datenqualität!		eine erstklassige Datenqualität!

Tabelle 6.1: Schema zur Bewertung der Datenqualität

Für die Visualisierung der Gesamtauswertung wird demnach eine Entscheidungsfindung anhand der Ampelfarben nach Tabelle 6.1 vorbereitet. Dabei reflektieren die verschiedenen Ampelfarben die einzelnen Bewertungsstufen des Assessments. Es sei anzumerken, dass die Ampelfarben in der obigen Tabelle von statischer Natur sind und lediglich auf Gefahren aufmerksam machen. Der Assessmentleiter hat aber dadurch die Möglichkeit, den potentiellen Verdachtsfällen zielgerichteter auf den Grund zu gehen. Im Weiteren erhofft sich der Assessmentleiter, gerade durch diese anschauliche Darstellung, exzellente Hinweise für einen möglichen „Drill-down" der Risiken. Es besteht also die Option, nach einem Blick auf das Gesamtergebnis (siehe Abbildung A.2, Seite 1265) zügig anhand der Ampelfarben zu auffälligen Risiken vorzustoßen.

Insgesamt können die Risiko-Assessments nun wesentlich effizienter abgewickelt werden, da die Befragungsergebnisse automatisiert ausgewertet werden. Darüber hinaus verringert sich der Analyseaufwand der Risiken im Unternehmen, wenn adäquate Fragestellungen bereits wie in Abbildung 6.3 kompatibel aufbereitet sind. Gleichwohl ist aus ökonomischen Gründen eine Generalisierung der Fragebögen notwendig. Ein Problem, das in diesem Kontext auftreten kann, ist die Frage, inwieweit kann man die Fragen innerhalb eines Assessments in die Tiefe sowie Breite aufsplitten, so dass die Auswertung auf jeden Fall konstruktive Ergebnisse liefert. Diesbezüglich ist eine Balance zu finden, so dass stets eine sinnvolle Ergebnisübersicht gewährleistet ist. Es stellt sich daher noch die Frage, ob die Auswertung des Risiko-Assessments nach dem oben vorgestellten Verfahren nicht pervertiert wird. Die Auswertung der Befragungsergebnisse kann in Form von Benchmarks sowie Best-Practice flankiert werden. Infolgedessen werden nicht nur die eigenen Datenqualitätsprozesse sowie der Datenqualität-Status validiert, sondern auch die Best-Practice-Vorgehensweisen im Unternehmen kontinuierlich verbessert.

Die vier definierten Auswertungsdimensionen können dazu verwendet werden, diverse Schwachstellenschwerpunkte in Bezug auf die Datenqualität respektive Datenqualitätsprozesse zu erkennen. Daneben dienen die Dimensionen auch als Indikatoren für Schwachstellenschwerpunkte, bei denen die kleinste Auswertungseinheit konkrete Fragen und Antworten sind. Bei den Fragestellungen wird bereits vorausgesetzt, dass die jeweiligen Fragen in den einzelnen Dimensionen zweckgerichtet gestellt werden, und damit keineswegs redundant sind. Ein wesentlicher Nachteil der Auswertung ist, dass keine Fragestellungen mit dualen Antwortmöglichkeiten möglich sind.

Abschließend sollen einige beispielhafte Auswertungen präsentiert werden, welche schon – wie unten aufgeführt – anhand von SQL-Statements durchgeführt werden können:

- „Zeige sämtliche Assessments an, die ein Rotlicht erhalten haben!"

```
SELECT avg (Antwort) as Ampelfarbe,
bid
FROM antworten
GROUP BY bid
HAVING Ampelfarbe between 2 and 3
```

Listing 6.1: Beispiel eines SQL-Statements

- „Zeige die Ampelfarbe entlang einer bestimmten Prozesssicht an!"

```
SELECT avg (Antwort)
FROM antworten
GROUP BY bid
HAVING NOT fid between 1 and 13
```

Listing 6.2: Beispiel eines SQL-Statements

Die Ergebnisse der oben vorgestellten Auswertungsdimensionen werden in den Datenqualität-Workshops hinsichtlich der Relevanz des Datenqualität-Status interpretiert. Anschließend lassen sich aus den Schlussfolgerungen in den Datenqualität-Workshops unterschiedliche Auswertungsdimensionen gruppieren, mit dem Ziel, eine Datenqualität-Relevanz-Matrix zu erstellen. Die abgeleitete Matrix dient dazu, die induzierten Risiken durch Daten systematischer zu priorisieren.

Es sei daran erinnert, dass das Ergebnis eines solchen Risiko-Assessments nicht nur eine Bestimmung des Datenqualität-Status ist, sondern daraus abgeleitet einen

Handlungskatalog (siehe Abschnitt 5.5) definiert, welcher die notwendigen Maßnahmen zur Erreichung eines vorher bestimmten Datenqualität-Status beschreibt.

6.5 Empfehlungen für das weitere Vorgehen (Grundanalyse)

Dieser Abschnitt erörtert einerseits die Abwicklung eines Risiko-Assessments, und andererseits werden einige Problematiken erläutert, die aus der Verwirklichung eines Risiko-Assessments resultieren.

Die Erstmessung des Datenqualität-Status durch das Risiko-Assessment ist ein wesentliches Problem der dargestellten Metrik. Schließlich basiert die Messung des Status quo der Datenqualität in den diversen Assessments des Unternehmens nach wie vor auf subjektiven Taxierungen. Eine Akkumulation dieser Kennzahlen führt somit wiederum zu einem pervertierten Datenqualität-Status. Um eine legitime Kennzahl als Arbeitsgrundlage für ein erfolgreiches, effektives und effizientes Risiko-Assessment zu erhalten, werden die Messungen in einem bestimmten Intervall (wöchentlich, monatlich, quartalsweise oder jährlich) durchgeführt. Der Datenqualität-Status, der als Quelle für einen Verbesserungsprozess schließlich Verwendung finden soll, ergibt sich aus dem arithmetischen Mittel aller Messungen in einem determinierten Intervall. Dies hat den Vorteil, dass die Disparitäten bezüglich des gemessenen Datenqualität-Status armortiesieren.

Es ist weiterhin festzuhalten, dass die Initiierung sowie Realisierung eines Risiko-Assessments anfangs mit viel Anstrengung und hohen Kosten verbunden ist. Nichtsdestotrotz werden die damit verbundenen Kosten nach einiger Zeit kompensiert. Zusätzlich sei noch anzumerken, dass der Nutzen größer ist als der investierte Aufwand. Dies liegt unter anderem daran, dass das Assessment automatisiert und, wie bereits oben erwähnt, in periodischen Abständen durchgeführt werden kann.

Basierend auf dem in diesem Kapitel präsentierten Konzept ist ein Risiko-Assessment in einer Organisation oder in einem Unternehmen als Projekt zu installieren. Die Installation sollte in fünf Schritten erfolgen:

- Analyse der Ist-Situation.

- Bewertung der relevanten Risiken.

- Bestimmung der Struktur des Risiko-Assessments.

- Einführung im Unternehmen anhand eines Reifegradmodells.

- Überprüfung und Lieferung von Rückkopplungsinformationen für die Datenqualität-Workshops.

Weiterhin sei zu der Metrik in Abbildung 6.3 anzumerken, dass beim Über- oder Unterschreiten bestimmter Qualitätskennzahlen die jeweiligen Data-Owner über

Benachrichtigungsregeln informiert werden können. In Zusammenarbeit mit den Datenqualitätskoordinatoren werden daraufhin die Datenqualitätsprobleme analysiert und geeignete Maßnahmen zur Behebung der Datenqualität-Mängel – ausgehend von den Ergebnissen der Datenqualität-Workshops – initiiert.

6.6 Schlussbemerkung

Ziel dieses Kapitels war es, durch das beschriebene Konzept einen Einstieg in die Realisierung eines standardisierten Risiko-Assessments zu vermitteln, um sich aufbauend darauf, Teil III der Arbeit zuzuwenden.

Der Abschnitt 6.1 diente daher dazu, die Rahmenbedingungen für die Realisierung eines Risiko-Assessments zu bestimmen. Dabei wurde nicht nur auf die Ziele eines Risiko-Assessments näher eingegangen, sondern auch die zentralen Problemfelder in diesem Kontext beleuchtet.

Der Aufbau des Datenqualität-Netzwerks gewährleistet eine solide Durchführung des Risiko-Assessments (siehe Abschnitt 6.2). Infolgedessen wurde in Abschnitt 6.3 ein Satz von Fragebögen erarbeitet, bei dem bereits bedacht wurde, dass eine hohe Anzahl an Fragen auch einen sehr hohen Aufwand bedeuten würde. Dank dieses Umstands wurde bewusst ein adäquater Umfang des Risiko-Assessments gewählt. Für die Einschätzung der Gesamtsituation in Bezug auf den Status quo der Datenqualität im Unternehmen beziehen sich die Fragebögen auf verschiedene Rollen des Data-Ownership-Konzepts. Aufgrund dieser strukturierten Vorgehensweise lassen sich zudem nützliche Auswertungssichten erzeugen (siehe dazu Teil III der Arbeit). Das Risiko-Assessment wurde technisch mittels HTML und der Programmiersprache PHP realisiert. Des Weiteren wurden die Befragungsergebnisse in eine MySQL-Datenbank geschrieben, mit dem Ziel, via SQL-Statements signifikante Auswertungssichten zu erzeugen.

Das Konzept zur Auswertung der Befragungsergebnisse der einzelnen Fragebögen wurde durch Abbildung 6.3 auf Seite 78 expliziert (siehe Abschnitt 6.4). Demnach werden auf höchster Aggregationsstufe Aussagen hinsichtlich des Datenqualität-Status anhand von den in Tabelle 6.1 auf Seite 79 aufgeführten Zuständen für die einzelnen Bewertungsstufen bereitgestellt.

Die Messung des Datenqualität-Status durch das automatisierte Assessment wurde mit Abschnitt 6.5 nochmals kritisch beleuchtet. Ferner wurden an dieser Stelle prinzipielle Schritte für die Durchführung eines Risiko-Assessments, insbesondere für den Teil III der Arbeit, definiert.

Ausblick

Der nun folgende dritte Teil der Arbeit abstrahiert die im konzeptionellen Teil vorgestellte Metrik zur Auswertung der Befragungsergebnisse und fasst einige Teilaspekte dieser Metrik zu einer modifizierten Berechnungsvariante zusammen. Der dritte Teil stellt somit ein konkretes Anwendungsbeispiel für die Realisierung des Risiko-Assessments dar, die in dieser Arbeit behandelt werden.

Teil III

UMSETZUNG UND EVALUATION

Kapitel 7

Anwendung auf eine Bank

Insgesamt wird in diesem Kapitel eine spezielle Variante des Risiko-Assessments erläutert, die die beschriebenen Konzepte aus dem Teil II der Arbeit impliziert. Abschnitt 7.1 gibt zunächst eine kurze Einführung in das Kapitel. Basierend darauf wird deutlich, dass eine umfassende Realisierung eines komplettierten Datenqualitätsmanagementprozesses auf zwei weiteren Ebenen stattfindet. Zunächst wird eine Risikobewertungsmatrix eingeführt, mit dem Ziel, weitere Risiken im gesamten Datenqualitätsmanagementprozess zu spezifizieren. In Abschnitt 7.2 werden schließlich sämtliche Risiken in Anlehnung an die Schritte des Risikomanagementprozesses näher inspiziert. Als nächstes werden die Applikationen des Risiko-Assessments in einer Bank expliziert. Die hier behandelten Konzepte werden in Abschnitt 7.3 dokumentiert. Als letztes werden in Abschnitt 7.4 essenzielle Schritte zur Implementierung eines proaktiven Datenqualitätsmanagementprozesses vorgestellt. Abschließend werden in Abschnitt 7.5 die wesentlichsten Schlussfolgerungen dieses Kapitels zusammengefasst.

7.1 Einführung

Wie bereits in Kapitel 1 der Arbeit beschrieben wurde, wird ein Unternehmen schon durch Basel II verpflichtet, die induzierten Risiken durch Daten in den Griff zu bekommen sowie sie zu limitieren. Mit Hilfe eines standardisierten Risiko-Assessments ist jedes Unternehmen in der Lage, kostengünstig diese Risiken auf ein Minimum zu reduzieren. Im Weiteren führt die Standardisierung eines Risiko-Assessments zu einer erheblichen Beschleunigung relevanter Unternehmensentscheidungen, da mit einem standardisierten Risiko-Assessment zum einen ein einfacheres Risikokonzept entwickelt werden kann, und zum anderen eine zielgerichtete Maßnahmenplanung in den Datenqualität-Workshops möglich sei. Mit einem Risiko-Assessment erhält man, wie bereits beschrieben, den Vorteil eines transparenten Überblicks bezüglich der gegenwärtigen Risiken im Unternehmen. Dieses kann ausschließlich durch ein standardisiertes Risiko-Assessment gewährleistet werden.

Der Kosten-Nutzen-Faktor sollte bei der Realisierung eines Risiko-Assessments in den Vordergrund gestellt werden. Eine Möglichkeit dies nachhaltig umzusetzen ist, die Tätigkeiten eines Datenqualitätsmanagements als Bausteine aufzufassen. Jeder

Baustein entspricht demnach einer expliziten Tätigkeit im gesamten Datenqualitätsmanagementprozess. Diese Vorgehensweise unterstützt einerseits, den Ablauf eines proaktiven Datenqualitätsmanagements effizient zu strukturieren, und andererseits wird dadurch die Transparenz der Prozesse gesteigert.

Im Folgenden wird vorab der dreistufige Datenqualitätsmanagementprozess – wie schematisch in Abbildung 7.1 zu sehen ist – vorgestellt, bevor dann im Anschluss in den darauffolgenden Abschnitten die einzelnen Bausteine beschrieben werden.

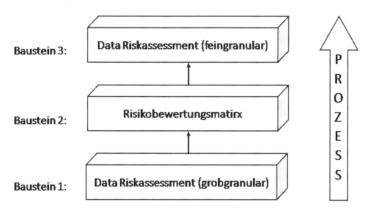

Abbildung 7.1: Ebenen des Datenqualitätsmanagementprozesses

Insgesamt soll durch eine baukastenartige Zusammenstellung eines Datenqualitätsmanagementprozesses ein direkter Zusammenhang zwischen den Ergebnissen der Risiko-Assessments und den damit verbundenen Kosten besser hergestellt werden. Dies hat zur Folge, dass der Einsatz von Risiko-Assessments auf Basis der Datenqualitätsmanagementprozesse gezielter erfolgen und der damit einhergehende ökonomische Nutzen besser taxiert werden kann. Ein weiterer Vorteil, der sich aus der obigen Illustration ergibt, liegt darin begründet, dass die verschiedenen Ebenen im Datenqualitätsmanagementprozess als phasenorientierte Meilensteine gesehen werden können, mit dem Ziel, das Risiko und die Kosten eines Scheiterns punktgenau zu minimieren.

7.2 Risikobewertungsmatrix

In diesem Abschnitt wird mittels der Risikobewertungsmatrix eine Top-down Methode vorgestellt, die die induzierten Risiken durch Daten konkret abgrenzt und beschreibt.

Die folgende Matrix stellt eine Möglichkeit zur groben und indikativen Bewertung eines Risikos hinsichtlich seines derzeitigen Stands dar. Die unten stehende Unterteilung entspricht einem groben Raster, das die vier Schritte eines

Risikomanagementprozesses berücksichtigt (siehe Tabelle 7.1). Die Matrix ist als Möglichkeit eines *"Quick-Checks"* zu verstehen. Anwendungsgebiete der Risikomatrix sind sowohl Risikoschwerpunkte zu eruieren als auch Datenqualitätsdefizite zu erkennen. Darüber hinaus dient die Matrix dazu, Prioritäten für eine akribische Begutachtung und Überwachung der Risiken zu setzen.

Risikomanagementprozess Portfoliomanagement					
Risikoidentifizierung					
Risikobewertung Abhängigkeit von anderen Daten	Die Daten sind von keinen anderen Daten abhängig.	Die Daten sind von anderer Teilmengen anderer Daten abhängig. Diese werden gesondert überwacht.	Die Daten sind von anderen Daten abhängig. Diese Daten werden gesondert überwacht.	Die Daten sind von mindestens einer Teilmenge anderer Daten voll abhängig, die nicht gesondert überwacht werden.	Die Daten sind von mindestens einer Teilmenge anderer Daten voll abhängig, dessen Erfolg stark gefährdet ist.
Risikobewertung Schnittstellen zu anderen Systemen	Keine/wenig Interaktion mit Systemlandschaft (0-5 Schnittstellen).	Wenig aber bekannte Interaktion (Schnittstellen im Altsystem bekannt).	Komplexe Interaktion, gute Testmechanismen (vergleichbar zu Produktivbetrieb).	Komplexe Interaktion, neue Testmechanismen (komplexe Schnittstellen, die gut getestet werden können).	Sehr komplexe Interaktion (sehr komplexe Schnittstellen; Module und Testwerkzeuge werden bisher nicht getestet).
Risikoanalyse					
Risikobewertung Datenqualität Verfügbarkeit	Die benötigte Datenqualität wird verfügbar sein.		Datenqualität kann noch nicht zugesichert sein.		Datenqualität ist kritisch.
Risikobewertung zur Datenqualität	Geprüfte; Gute Ausgangsqualität; hohe Datenqualität für alle DN erreichbar.	Geprüfte; ausreichende Ausgangsqualität; hohe Datenqualität für alle DN erreichbar.	Ausreichende Ausgangsqualität wird angenommen; Erreichen der Datenqualität ist für DN wahrscheinlich.	Ausgangsqualität nicht ermittelt; erforderliche Datenqualität ist für DN unklar.	Schlechte Ausgangsqualität, die nicht auf einer adäquaten Ebene behoben werden kann; kritische Verantwortbarkeit.
Risikohandhabung					
Risikobewertung Einführung neuer Technologien	Das DQM verwendet ausschließl. Technologien die bereits im Einsatz sind.	Das DQM verwendet teilweise Technologien die noch nicht im Einsatz sind.	Das DQM verwendet Technologien die noch nicht im Einsatz sind	Erfolg des DQMs hängt von Technologien ab, die erstmals getestet werden.	Erfolg des DQMs hängt von Technologien ab, die noch nicht weitgehend erprobt sind.
Risikoüberwachung					
Risikobewertung Risikoüberwachungsplan	Risikoüberwachungsplan (mit Abhängigkeiten); höhere Detaillierung als Standard-Template für Überwachungsphasen. Jedes Arbeitspaket ist mit Termin und Aufwand beplant.	Risikoüberwachungsplan (mit Abhängigkeiten); höhere Detaillierung als Standard-Template für Überwachungsphasen.	Risikoüberwachungsplan (mit Abhängigkeiten); Detaillierung auf Ebene Überwachungsphase.	Meilensteine sind definiert (Aufwand und Termine).	Kein Risikoüberwachungsplan.

Tabelle 7.1: Risikobewertungsmatrix

Die Risikobewertungsmatrix wird hier in einem getrennten Abschnitt behandelt, da sie sämtliche Schritte des Risikomanagementprozesses (siehe hierzu Kapitel 5) abdeckt. Die Ergebnisse des in Kapitel 6 konzipierten Risiko-Assessments, können als Input für die Erstellung einer Risikobewertungsmatrix verwendet werden. In der Matrix gibt es vier unterschiedliche Risikogruppen: Risikoidentifizierung, Risikoanalyse, Risikohandhabung und Risikoüberwachung. Diese Risikogruppen werden zunächst in allgemeine Risikoklassen unterteilt und differenziert betrachtet. Hierbei belegen die Risikoklassen eine allgemeine Skala, wobei eine farblich gekennzeichnete Risikoklasse ein K.O.-Kriterium darstellt. Die Risikoklassen entscheiden unter anderem darüber, ob überhaupt ein Risiko behandelt respektive präziser evaluiert wird. Wenn also ein K.O.-Kriterium vorliegt, sollte eine exakte Evaluierung der Risiken in Betracht gezogen werden.

In der Risikobewertungsmatrix werden zu den spezifizierten, allgemeinen Risikoklassen, zusätzlich affine Risikoklassen horizontal angetragen (siehe Tabelle 7.1). Diese Risikoklassen werden demnach in zwei Kategorien unterteilt. Wie bereits erwähnt, werden die kritischen Risiken in der Risikobewertungsmatrix farblich abgehoben. Dies wird als Indiz für die Durchführung eines detaillierteren Risiko-Assessments verwendet (siehe Abschnitt 7.3). Die unkritischen Risikoklassen sind dagegen hell markiert und werden ebenfalls horizontal neben den kritischen Risikoklassen auf einer allgemeinen Skala angeordnet.

Abschließend sei noch anzumerken, dass die Risikobewertungsmatrix durch die grafische Darstellung insbesondere den Vorteil eines Überblicks über alle Risiken bietet. Durch die Anwendung der Matrix ist sofort ersichtlich, welche Risiken zielgerichtet einer sorgfältigen Überprüfung unterzogen werden müssen. Ein weiterer Vorteil ist die Abdeckung aller Schritte im Risikomanagementprozess, wobei die inhaltlichen Aspekte der identifizierten Risiken dem Risiko-Assessment zugute kommen. Nachteilig ist, dass aus der Risikobewertungsmatrix keine Zahlenwerte und insbesondere keine Ampelfarben – wie in Abschnitt 6.4 vorgestellt – ersichtlich werden. Die obige Darstellung stößt daher schnell an ihre Grenzen. Diese Schwäche wird aber durch das nachfolgende Risiko-Assessment kompensiert. Es ist natürlich auch möglich, sämtliche Risikoklassen in der Matrix mit Hilfe von Ampelfarben darzustellen, sollte aber lediglich ein Querschnitt der Risiken wiedergegeben werden, erfüllt die obige Matrix dennoch ihren Nutzen. Des Weiteren ist in diesem Kontext zu beachten, dass eine solche Übersicht von Vorteil sein kann, da durch das Clustern der Risiken hinsichtlich der atomaren Risikoklassen, die relevantesten Risikoquellen sowohl effizienter als auch adäquater lokalisiert werden können.

Die Risikobewertungsmatrix bietet in Kombination eines Risiko-Assessments auf grobgranularer Ebene (siehe Abschnitt 6.3, Seite 73) ohnehin einen hohen Nutzen, da die Matrix zum einen viele Risikoinformationen aufnimmt und zum anderen ein sehr erkennbares Ergebnis hervorbringt. Im Idealfall sollten somit beide Methoden kombiniert werden, um den Status quo hinsichtlich der Datenqualität und den eventuell daraus resultierenden Risiken zu messen. Ferner dienen die Ergebnisse der

Matrix als Input in Hinblick auf die inhaltlichen Aspekte eines Risiko-Assessments auf feingranularer Ebene (siehe Abschnitt 7.3).

7.3 Applikation des Risiko-Assessments in einer Bank

In diesem Abschnitt werden ausgewählte Aspekte des theoretisch, abstrakten Modells aus Teil II der Arbeit aufgegriffen und anhand des Anwendungsbeispiels Banken in modifizierter Variante realisiert. Hierzu werden zusätzliche Anforderungen identifiziert und mit den abgeleiteten Resultaten aus dem theoretischen Modell (siehe hierzu Kapitel 6) in Einklang gebracht.

Basierend auf dem in Abbildung 7.2 visualisierten Index des Fragenkatalogs, wird ein konzipierter Fragebogen aus diesem Katalog in Hinblick auf dessen technischen Realisierung näher beleuchtet. Bezogen auf die Auswertung des Fragebogens werden anhand der Abbildung 7.3 weitere Berechnungsvarianten der Metrik erörtert. Darauf folgend wird durch Abbildung 7.4 eine adäquate Visualisierung der Ergebnisse vorgestellt. Ergänzend dazu befinden sich im Anhang B der Arbeit ausgewählte Detailergebnisse in Bezug auf die Realisierung des Risiko-Assessments.

Die nachstehende Abbildung zeigt die Benutzeroberfläche des realisierten Risiko-Assessments in einer Bank. Die technische Implementierung ist dem Anhang B zu entnehmen. Die Fragebögen sind – wie bereits in Abschnitt 6.3 beschrieben – auf die unterschiedlichen Rollen des Data-Ownership-Konzepts und zusätzlich noch auf spezielle Rollenteilnehmer im Kontext einer Bank zugeschnitten. Die organisatorische Abwicklung des Risiko-Assessments basiert auf dem in Abschnitt 6.2 auf Seite 71 beschriebenen Datenqualität-Netzwerk.

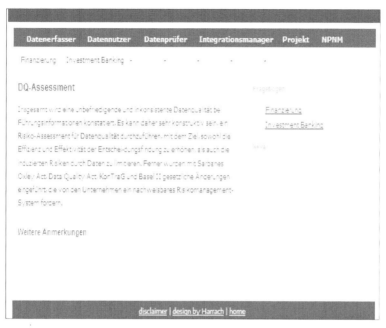

Abbildung 7.2: Register der atomaren Fragebögen

Abbildung 7.3 zeigt einen Fragebogen (ein Extrakt des gesamten Fragebogens), der sich in erster Linie auf die Rolle des Datenerfassers im Data-Ownership-Konzept bezieht. Im Kontext einer Bank wurden die Fragebögen innerhalb der unterschiedlichen Rollen in weitere Kategorien unterteilt. Wie bereits aus der obigen Abbildung 7.2 hervorgeht, entsprechen die Kategorien den differenten Produktgruppen einer Bank. Der Befragte kann den für sich zutreffenden Fragebogen abrufen oder sich den korrekten Fragebogen vom Assessmentleiter zuweisen lassen.

An dieser Stelle soll als nächstes das Konzept zur Auswertung des Fragebogens diskutiert werden. Die Abbildung 7.3 veranschaulicht den prinzipiellen Algorithmus auf dem die Berechnungsvorschrift der Metrik beruht (siehe Anhang B). Der strukturierte Fragebogen enthält neben separaten Fragestellungen und individuellen Antwortmöglichkeiten zusätzlich noch Kausalitäten zwischen den Fragen. Folglich ist der logische Ablauf der Befragung, in Abhängigkeit der vorausgegangenen Antworten eines Befragten zu sehen (siehe Listing B.3 und B.4). Die partiell vordefinierten Antwortmöglichkeiten begünstigen die automatisierte Auswertung der Befragungsergebnisse, da jeder Antwort genau eine Ampelfarbe zugewiesen wird. Aus der Abbildung geht weiterhin hervor, dass die optionalen Antworten unter Umständen wieder zu einer Gesamtantwort aggregiert werden können, welche wiederum mit Hilfe von Ampelfarben angezeigt wird (siehe Listing B.2, Seite 129). Es sei angemerkt, dass diese icon-basierte Darstellung intuitiv leicht zu verstehen ist und daher auch in der Praxis weit verbreitet ist. Die Berechnungsvorschriften werden demnach vorher festgelegt und variieren von Frage zur Frage. Im Vergleich dazu sind die verwendeten Kennzahlen im gesamten Fragebogen konsistent. Eine rote Ampel entspricht einem hohen Risiko, eine gelbe Ampel kommt einem mittleren Risiko gleich und eine grüne Ampel stellt ein niedriges Risiko dar.

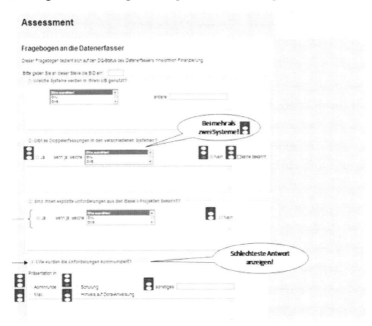

Abbildung 7.3: Exemplarische Auswertung des Fragebogens

In diesem Kontext sei zu erwähnen, dass der Rang einer Ampelfarbe schon im Vorfeld vom Assessmentleiter individuell festgelegt wurde. Wie bereits aus Abschnitt 6.4 hervorgeht, dient die Ampelfunktion dazu, die Risiken eines Unternehmens auf einer unkomplizierten Form aufzubereiten und wiederzugeben.

Der Befragte hat zusätzlich noch die Möglichkeit, zu jeder Frage seine subjektiven Ausführungen niederzuschreiben. Zwar werden diese Bemerkungen nicht automatisiert ausgewertet, aber können für den anschließenden Datenqualität-Workshop dennoch sehr hilfreich sein. Nachdem der Fragebogen vom Assessment-Teilnehmer ausgefüllt wurde, werden die Befragungsergebnisse des Teilnehmers in die Datenbank geschrieben. Nähere Erläuterungen zur technischen Umsetzung sind in Anhang B wiederzufinden (siehe Listing B.1, Seite 128). Um die Repräsentativität der Befragungsergebnisse zu sichern, werden die Assessment-Teilnehmer bei nahezu allen Fragen durch sogenannte Hilfetexte unterstützt (siehe Abbildung B.2, Seite 131). Der Nutzen dieser Hilfetexte wird mit Listing B.5 auf Seite 131 gesondert beschrieben.

Ergebnis der Auswertung

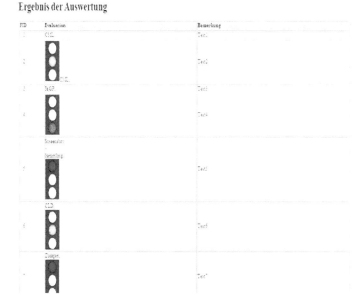

Abbildung 7.4: Visualisierung der Ergebnisse

Die Ergebnisübersicht eines Assessments wird in tabellarischer Form dargestellt (siehe Abbildung 7.4). In den drei Spalten werden die Fragen-ID der jeweiligen Frage, und das zugehörige Evaluationsergebnis in Anlehnung an die Ampelfarben sowie ein Bemerkungsfeld dargestellt. Insgesamt besteht zu jeder Zeit die Möglichkeit, sich die Ergebnisse eines konkreten Assessment-Teilnehmers anzeigen zu lassen (siehe Listing B.6, Seite 132). Hierfür werden die passenden Datensätze des Teilnehmers aus der Datenbank geschrieben und durch das Skript ausgewertet (siehe Listing B.2, Seite 129). Die Ergebnisse werden – wie bereits oben dargelegt – übersichtlich in drei Spalten aufgeteilt und visualisiert. Die Ergebnistabelle kann aber auch unter Umständen leer sein.

Die identifizierten Risiken, welche beispielsweise durch eine Rote-Ampelfarbe dargestellt werden, können darüber hinaus noch mit Trendrichtungen versehen werden, die ausdrücken sollen, wohin sich die Risiken in Zukunft bewegen könnten. Die Prämisse dafür ist die Durchführung eines Risiko-Assessments in periodischen Abständen[1]. In diesem Kontext sei festzuhalten, dass die obige Visualisierung schnell an ihre Grenzen stößt, wenn eine historische Darstellung erwünscht ist respektive ein Trend herauskristallisiert werden soll. Es ist auf der einen Seite zwar möglich, ausgewählte Datenbestände für eine Gesamtergebnissicht zu visualisieren, aber auf der anderen Seite macht dies nur für eine bestimmte Schnittmenge der

---

[1] Die Risiko-Assessment-Intervalle sollten an Inhalte, Dauer und Risiken des jeweiligen Unternehmens/Projektes angepasst sein.

Datensätze Sinn. Bei einer großen Anzahl von Datensätzen verliert man zudem noch schnell die Übersicht, so dass man gezwungen ist, die Teilergebnisse zu einem Gesamtergebnis zu aggregieren. Dies setzt aber voraus, dass sämtliche Teilergebnisse auf Basis einer homogenen Metrik berechnet worden sind. Des Weiteren müssen die Berechnungsskalen auf korrespondierenden Kennzahlen[2] beruhen. Folglich ist es schwierig, die Datenbestände zu einer nützlichen Information in Hinblick auf relevante Unternehmensentscheidungen zu veredeln, wenn die Datensätze nicht auf konvergenten Kennzahlen aggregiert wurden. Der Fokus dieser Arbeit wurde auf eine eindeutige Berechnung der Befragungsergebnisse bezüglich eines Assessment-Teilnehmers gesetzt. Dies ist unter anderem auch der Grund dafür, dass in der Datenbank jedem Assessment-Teilnehmer genau ein Datensatz zugeordnet wird (siehe Listing B.6, Seite 132).

Abschließend sei zu erwähnen, dass der Vorteil dieser Ergebnispräsentation darin liegt, eine schnelle und übersichtliche Darstellung der aktuellen Risiken für die betroffenen Personen auf operativer Ebene oder auch für das Management auf strategischer Ebene bereitzustellen. Darüber hinaus können differenziertere Zusammenhänge der Ergebnisse in Form von Listendarstellungen visualisiert werden. Hierfür werden zunächst konkrete Befragungsergebnisse geclustert, um darauf aufbauend aussagekräftige Ergebnissichten erzeugen zu können. Dieser Mehrwert an Information lässt sich nur durch das in diesem Abschnitt beschriebene Konzept effizient gewinnen. Ferner werden durch diese Vorgehensweise weitere Synergien bei der Identifizierung von Risiken freigesetzt.

---

[2] Kennzahlen sind im Sinne von Ampelfarben zu verstehen. Jede vordefinierte Antwortmöglichkeit wird in Relation zu einer bestimmten Ampelfarbe gesetzt. Die Kennzahlen informieren demnach in komprimierter, quantitativer Form über Risiken.

7.4 Implementierung eines proaktiven Datenqualitätsmanagements

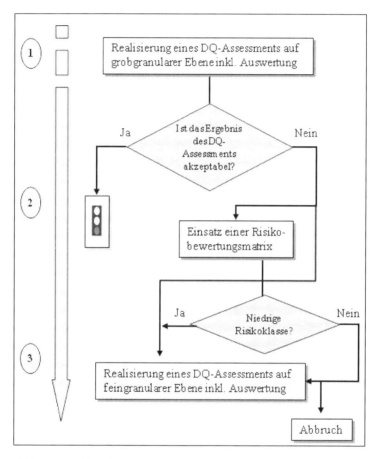

Abbildung 7.5: Flussdiagramm zum Verlauf des proaktiven Datenqualitätsmanagementprozesses

Der vorliegende Abschnitt beschreibt die grundlegenden Schritte eines proaktiven Datenqualitätsmanagementprozesses. Zu diesem Zweck werden die vorangegangenen Abschnitte logisch miteinander verbunden. Das Resultat wird durch den in Abbildung 7.5 veranschaulichten, logischen Ablauf eines proaktiven Datenqualitätsmanagementprozesses festgehalten. Ausgehend von diesem stringenten Prozess, wird sowohl auf die Gliederung als auch auf den Inhalt der Gliederungspunkte eingegangen. Wie aus der obigen Abbildung hervorgeht, ist der Datenqualitätsmanagementprozess als kontinuierlicher Regelkreis, bestehend aus drei elementaren Phasen, zu verstehen.

In der ersten Phase des Prozesses werden anhand des Risiko-Assessments auf grobgranularer Ebene (siehe Abschnitt 6.3, Seite 73) die wesentlichsten Risiken klassifiziert. Wenn das Ergebnis dieses Assessments den in der Abbildung 7.5 präsentierten Ampelfarben (siehe Tabelle 6.1, Seite 79) entspricht und darüber hinaus mit den Erwartungen des Assessmentleiters übereinstimmt, ist es nicht zwingend notwendig, den nächsten Schritt im Prozess zu etablieren. Sind dagegen die Risiken nicht ausreichend erfasst worden, so erfolgt in der nächsten Phase des Prozesses eine Quantifizierung der Risiken mithilfe einer Risikobewertungsmatrix.

Die Risikobewertungsmatrix zielt darauf ab, die Risiken schon hinsichtlich Ihres genauen Auftretens in einer bestimmten Phase des Datenqualitätsmanagement-prozesses zu lokalisieren. Für diesen Zweck wurden homogene Risikoquellen zu kollektiven Risikoklassen aggregiert und anhand ihrer Intensität unterschieden (siehe Abschnitt 7.2, Seite 88). Die unkritischen Risikoklassen, die als hinreichendes Kriterium gedeutet werden, befürworten, den Datenqualitätsmanagementprozess zu beenden. Im Vergleich dazu stehen die kritischen Risikoklassen dafür, die Risiken in einer darauffolgenden Phase auf einer feingranularen Ebene zu bewerten.

Die Risikobewertung der Risiken auf einer feingranularen Ebene hat verschiedene Vorteile (siehe Abschnitt 7.3, Seite 91). Zum einen ermöglicht sie eine Erfassung, Beschreibung und Darstellung der einzelnen Risiken (siehe Abbildung 7.4, Seite 94), und zum anderen erlaubt sie eine differenzierte Einschätzung der Ist-Risikolage eines Unternehmens. Darüber hinaus, ist es aufgrund der beschriebenen Vorgehensweise zur Realisierung eines Risiko-Assessments möglich, verschiedene übergreifende Auswertungssichten bereitzustellen. Neben der detaillierten Auswertung der Befragungsergebnisse durch das modellhafte Konzept in Abbildung 7.3 auf Seite 93, wird in einer Bank das Data Mining Tool[3] eingesetzt, um zusätzliche Risikoaspekte, graphisch dargestellt in Form von Kreisdiagrammen (siehe Abbildung 7.6, Seite 98), hervorzuheben. Des Weiteren können anhand von SQL-Statements weitere Auswertungssichten, graphisch in Form von Balkendiagrammen erklärt (siehe Abbildung 7.7, Seite 98), erzeugt werden.

Die folgenden beiden Abbildungen dienen in erster Linie dazu, verschiedene Auswertungsmöglichkeiten in Hinblick auf die Visualisierung der Befragungs-ergebnisse aufzuzeigen. Es sei darauf hinzuweisen, dass die alternativen Visualisie-rungen der Befragungsergebnisse nach wie vor auf die Archivierung der Befragungs-ergebnisse in der Datenbank zurückzuführen sind.

---

[3] Das Tool ist eine Business Intelligence Software für die Analyse umfangreicher Datenmengen. Dieses innovative Werkzeug ermöglicht es interaktiv, große Datenmengen übersichtlich darzu-stellen und explorativ zu analysieren. Die Prämisse für den Einsatz dieses Werkzeugs ist, dass die Befragungsergebnisse in der Datenbank gespeichert werden. Es sei anzumerken, dass in einer Bank die Befragungsergebnisse bis heute noch manuell in die Datenbank eingespeist werden.

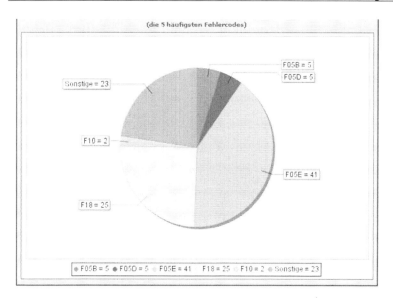

Abbildung 7.6: Beispielhafte Visualisierung der Befragungsergebnisse[4]

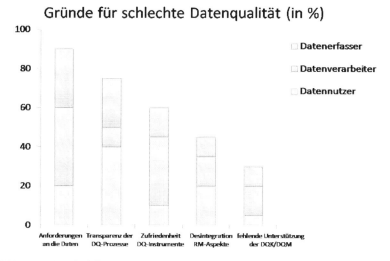

Abbildung 7.7: Beispielhafte Visualisierung der Befragungsergebnisse

---

[4] Quelle: Internes Dokument, 2007, S. 26.

Durch diese Erkenntnisse, die aus den diversen Auswertungssichten resultieren, lassen sich mit einer quantitativen Bewertung proaktiv Risikosituationen zahlenmäßig beschreiben, wie in etwa durch zuvor quantifizierte Risikoziele. Ein weiterer Vorteil in diesem Zusammenhang ist, dass die Soll/ Ist-Vergleiche zur Verifikation der Risikoziele für Trendanalysen sowie Benchmarking verwendet werden.

Der Abbildung 7.5 ist weiterhin zu entnehmen, dass die Ablauflogik hinsichtlich eines proaktiven Datenqualitätsmanagements, die Qualität der Ergebnisse aus den Risiko-Assessments steigert. Bezug nehmend auf die in Abschnitt 4.3 auf Seite 47 vorgestellten Klassen von Assessments, entsprechen die jeweiligen Phasen des Datenqualitätsmanagementprozesses den unterschiedlichen Datenquellen, auf denen das durchzuführende Risiko-Assessment beruht.

Der systematische Umgang mit Risiken, der durch die Abbildung 7.5 veranschaulicht wurde, sollte regelmäßig optimiert werden, da parallele Abläufe sowie die zunehmende Komplexität in den Geschäftsprozessen eines Unternehmens maßgeblich zur Erhöhung von Risiken beitragen. Da ein Risiko ein potenzielles Problem darstellt, ist effektives Datenqualitätsmanagement als ein kontinuierlicher, dynamischer Prozess zu verstehen. Proaktives Datenqualitätsmanagement bedeutet demnach, über einen definierten Prozess zu verfügen, der gemessen, wiederholt und auf die Ursachen der Risiken angewendet werden kann. Die folgende Abbildung kann diesbezüglich sehr hilfreich sein.

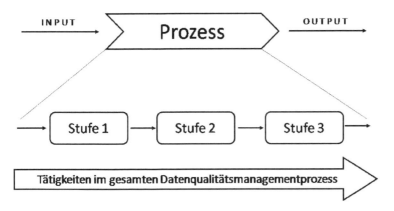

Abbildung 7.8: Kern des proaktiven Datenqualitätsmanagementprozesses

Die Abbildung 7.8 beschreibt den Kern eines proaktiven Datenqualitätsmanagementprozesses. Dieses Modell soll in Anlehnung an die in Abbildung 7.5 vorgestellten Schritte des gesamten Datenqualitätsmanagementprozesses gelesen werden. Die Stufen entsprechen den oben beschriebenen Phasen des gesamten Prozesses und sind als Vorgehensbausteine zu verstehen (siehe Abschnitt 7.1, Seite 87). Ein wesentlicher Vorteil dieser inkrementellen Vorgehensweise ist, dass die Datenqualitätsmanagementprozesse an die jeweiligen Bedürfnisse eines Unternehmens anpassbar sind. Ferner macht diese starke Modularisierung den gesamten Prozess transparent bezüglich Zeit, Kosten und Qualität. Des Weiteren ist die Qualität der Ergebnisse ohne Weiteres eindeutig zu überprüfen, da das Ergebnis in jeder Phase des Prozesses im Mittelpunkt steht.

Wie bereits aus dem Abschnitt 6.5 hervorgeht, sollte die Durchführung eines Risiko-Assessments in mehreren Schritten vollzogen werden. Die Einführung des Assessments an sich erfolgt mittels Schulungen und Einweisungen, in die die Assessmentleiter wie auch die Datenqualitätskoordinatoren involviert werden. Deren Aufgabengebiete sind unter anderem, Veranstaltungen zur Information der Assessment-Teilnehmer abzuhalten respektive ein verstärktes Bewusstsein für die Relevanz von Risiko-Assessments im Unternehmen zu schaffen.

Zusammenfassend bleibt festzuhalten, dass in der Regel stets ein proaktives Datenqualitätsmanagement exerziert werden sollte, bei dem das reaktive Datenqualitätsmanagement nicht außer Acht gelassen werden sollte, da die jeweiligen Phasen erst richtig greifen, wenn die Risiken auch wirklich alle identifiziert wurden. Ausschlaggebend ist noch, dass ein proaktives Datenqualitätsmanagement vornehmlich von einem reaktiven Datenqualitätsmanagement initiiert wird.

7.5 Zusammenfassung

Zunächst einmal wurde in Abschnitt 7.1 in das Kapitel eingeführt und die Intention eines proaktiven Datenqualitätsmanagements adäquat hinterfragt. Das Ergebnis ist, sämtliche Schritte im Datenqualitätsmanagementprozess als Bausteine zu interpretieren.

Im Anschluss daran wird mit dem nächsten Abschnitt einer dieser Bausteine detaillierter erläutert (siehe Abschnitt 7.2, Seite 88). Die hier vorgestellte Risikomatrix ist relativ einfach aufzubauen (siehe Tabelle 7.1). Schließlich werden die eingetragenen K.O.-Kriterien ausgehend von der Intensität einer Risikoklasse abhängig gemacht. Folglich werden risikoreiche Klassen farblich markiert, um die Bedeutung des Risikos an dieser Stelle hervorzuheben. Demgegenüber sind die nicht farblich gekennzeichneten Risikoklassen unkritisch und induzieren daher auch nicht ein Risiko-Assessment auf feingranularer Ebene (siehe Abschnitt 7.3, Seite 91). Die konzeptionellen Grundlagen für das realisierte Risiko-Assessment in einer Bank wurden in Abschnitt 7.3 an ausgewählten Screenshots erörtert. Die technische Umsetzung ist im Anhang B der Arbeit dokumentiert. Die inhaltlichen Aspekte dieses Abschnittes entsprechen einem weiteren Baustein des Datenqualitätsmanagementprozesses.

Das zentrale Ergebnis des Abschnitts 7.4 wurde mit der Abbildung 7.5 auf Seite 96 festgehalten und entspricht ferner einer prospektiven Betrachtung aller in Zukunft auftretenden Risiken. Die in diesem Abschnitt dargestellte Vorgehensweise zur Realisierung eines proaktiven Datenqualitätsmanagementprozesses lässt sich strukturiert umsetzen. Hierfür wurden die Schritte des gesamten Prozesses als einzelne Bausteine aufgefasst. Dabei wurde deutlich hervorgehoben, dass das Datenqualitätsmanagement als permanenter Prozess zu verstehen ist und in drei Stufen implementiert wird. Abbildung 7.8 beschreibt den Kernprozess und soll als Ausgangsbasis dazu dienen, die Tätigkeiten im Umfeld des Datenqualitätsmanagements gegebenenfalls zu erweitern.

Weiterhin sei anzumerken, dass durch ein proaktives Datenqualitätsmanagement übergreifend Zusatzinformationen für die Unternehmensleitung sowohl veredelt als auch verdichtet werden, aufgrund dessen ein prägnanteres Gesamtbild über die vorliegenden Risiken im Unternehmen präsentiert werden kann.

Kapitel 8

Evaluation

In diesem Kapitel werden die beiden Prototypen des IQ-Assessment[1] Tools aus den vorangegangenen Kapiteln hinsichtlich Ihrer Gebrauchstauglichkeit untersucht. Der allgemeine Evaluationsprozess wird in vier Abschnitte gegliedert. In Abschnitt 8.1 werden zunächst einmal anhand eines Qualitätsmodells die Evaluierungsziele der Software klar voneinander abgegrenzt. Danach werden in Abschnitt 8.2 ausgewählte Grundlagen und Theorien der Software-Evaluation vorgestellt, mit dem Ziel, die vier Kriterien des zuvor definierten Qualitätsmodells ausschließlich mit konstruktiven Evaluationsmethoden zu messen. Im Anschluss daran werden in Abschnitt 8.3 die Rahmenbedingungen für die durchzuführende Evaluierung diskutiert. Schließlich werden in Abschnitt 8.4 die Ergebnisse der Evaluation in Verbindung mit den eingangs formulierten Fragen beurteilt. Abschließend werden in Abschnitt 8.5 die Resultate dieses Kapitels präsentiert.

8.1 Einleitung

Bevor an dieser Stelle der Zweck der Evaluierung definiert werden soll, werden zunächst einmal divergente Definitionen des Wortes *Evaluation*[2] näher erläutert. Wottawa (2001) definiert Evaluation *„als das Sammeln und Kombinieren von Daten mit einem gewichteten Satz von Skalen mit denen entweder vergleichende oder numerische Beurteilungen erlangt werden sollen".*[3] Dies bedeutet also, dass eine Evaluation erst dann reliable und valide Bewertungen der Benutzungsschnittstelle liefert, wenn diese auch systematisch realisiert wurde. Die im Rahmen dieser Arbeit geltende Definition ist an den Ausführungen der Deutschen Gesellschaft für Evaluation (DeGEval 2002) angelehnt:

Definition *Evaluation*: Unter *Evaluation* versteht man die systematische Untersuchung (Beschreibung, Analyse und Bewertung) eines Nutzens oder

---

[1] IQ-Assessment ist als Synonym der automatisierten Risiko-Assessments zu verstehen und repräsentiert den Namen des Tools.

[2] Der Begriff ‚Evaluation' stammt ursprünglich aus dem Lateinischen („valuere" = bewerten).

[3] Vgl. Hegner, 2003, S.7.

Wertes eines Gegenstandes. Der Evaluierungsgegenstand ist in diesem Falle der Prototyp.[4]

Das Evaluationsziel ist es, den Prototyp für die Usability der Benutzung zu testen, und damit verbunden, Verbesserungsmöglichkeiten zu identifizieren. Zu diesem Zweck werden die Anforderungen, die eine Software erfüllen muss, mithilfe eines Qualitätsmodells definiert (siehe Abbildung 8.1).

Die folgende Abbildung zeigt ein Qualitätsmodell, das auf Benutzbarkeit hin ausgerichtet ist. Die vier einzelnen Charakteristika entsprechen den Anforderungen, die die Software erfüllen muss, um den Anspruch einer qualitativ hochwertigen Software gerecht zu werden. Die Kriterien werden anhand von diversen Fragestellungen näher spezifiziert.

Abbildung 8.1: Qualitätsmodell für die Benutzbarkeit[5]

Da es sich beim IQ-Assessment Tool um eine innovative Software handelt, sind die folgenden Fragen für die Evaluation in Anlehnung an das Qualitätsmodell von großem Interesse:

- Gestaltet die Applikation das Erfassen der relevanten Risiken effizienter? (*Effektivität?*)

- Verbessert der Einsatz dieses Tools die Qualität der Ergebnisse und wird der Aufwand auch tatsächlich reduziert? (*Produktivität?*)

- Wird eine innovative Verbesserung bezüglich der Identifizierung von Risiken erreicht? (*Zuverlässigkeit?*)

- Ist das Tool effektiv und effizient nutzbar? (*Akzeptanz?*)

Um die obigen Fragen beantworten zu können, werden im nächsten Abschnitt prädestinierte Werkzeuge der Software-Evaluation eingeführt und für den Rahmen dieser Arbeit hinsichtlich einer adäquaten Evaluation des Prototyps aufgearbeitet. Es

---

[4] Die Definition ist an den Ausführungen von Hegner, 2003, S.7 angelehnt.
[5] Nach der ISO-Norm 9126-1 besteht ein Qualitätsmodell aus einer Menge von Eigenschaften einer Software und deren Beziehungen untereinander.

gilt dabei, die Eigenschaften der Software durch messbare Attribute quantifizierbar zu machen (siehe Abschnitt 8.2).

8.2 Grundlagen und Theorien der Software-Evaluation

Dieser Abschnitt dient dazu, die für diesen Kontext adäquaten Evaluierungs-methoden für die Messung der vier Kriterien, aus dem in Abschnitt 8.1 vorgestelltem Qualitätsmodell, zu erörtern.

In Abbildung 8.2 sind unterschiedliche Evaluationsmethoden abgebildet. Bei den dargestellten Evaluationsmethoden handelt es sich aber um eine unvollständige Liste. Dennoch finden die nachfolgenden Methoden zur Evaluierung des Prototyps ihren Einsatz, mit dem Ziel, alle heterogenen Evaluationsbereiche abzudecken (siehe hierzu Abbildung 8.1).

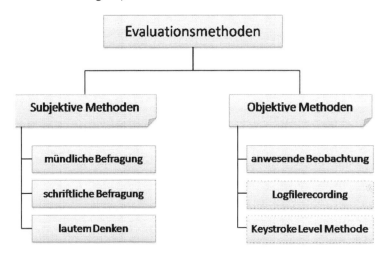

Abbildung 8.2: Klassifikation von Evaluationsmethoden

Die obige Abbildung klassifiziert die Evaluationsmittel in subjektive und objektive Methoden. Mit den *subjektiven Methoden* werden die sogenannten weichen Daten ermittelt. Dabei werden in erster Linie die Testpersonen bei der Bewertung des Tools beteiligt, indem Sie nach Ihrer Akzeptanz gegenüber der neuartigen Applikation befragt werden. Demgegenüber stehen die harten Daten, die anhand von *objektiven Methoden* erhoben werden. Ein Beispiel hierfür ist die verwendete Zeit bei der Bewältigung bestimmter Aufgaben während des Versuchsablaufs. Bei dieser Methode stehen also weniger die Evaluierungskriterien als die Erkenntnisse des anwesenden Beobachters im Mittelpunkt. Die Beobachtung erfolgt durch vorge-gebene Beobachtungsprotokolle.

Der anwesende Beobachter ist in dieser Arbeit zugleich der Interviewer und hat die Aufgabe, kritische Merkmale oder Arbeitstätigkeiten im Ablauf zu erfassen (wie in etwa zögerlicher Ablauf, mündliche Äußerungen oder ein umständlicher Ablauf). Diese Methode wird daher auch als *„Beobachtungsinterview"* bezeichnet.[6] Bei dieser analysierenden Evaluation wechselt die methodische Vorgehensweise oft zwischen Beobachtung und Benutzerbefragung. Dabei spielt die technische Beobachtung bei der Evaluation von softwareergonomischen Fragestellungen eine wichtige Rolle.[7]

Da es sich beim IQ-Assessment Tool um eine originelle Applikation handelt, soll es bei der Untersuchung darum gehen, dessen Akzeptanz zu prüfen. Um schließlich die zu erwartende Akzeptanz der automatisierten Risiko-Assessments abzuschätzen, muss die subjektive Zufriedenheit der Testpersonen[8] mittels schriftlicher (*Frage-bogen*) und mündlicher Befragung (*Interview*) erhoben werden. Die Evaluations-technik dieser Arbeit basiert auf einer Kombination beider Methoden. Dadurch ist es möglich, die Ursachen einer mangelnden Zufriedenstellung akkurat festzustellen. Gleichwohl können die Benutzerbefragungen nicht die Konformitätsprüfungen ersetzen. Allerdings sei zu erwähnen, dass die Befragungsergebnisse etwas über die subjektive Einschätzungen der Effektivität und Effizienz des IQ-Assessment Tools aussagen.

Die Akzeptanz einer Software wird über deren Gebrauchstauglichkeit[9] entschie-den. Um diese zu ermitteln, wird die sogenannte *Thinking-Aloud*-Technik (lautem Denken) angewendet. Bei diesem Evaluationsverfahren beschäftigen sich die Test-personen aufgrund konkret gestellter Aufgaben mit dem Tool und sollen dieses spielerisch erforschen. Hierbei werden die Benutzer beobachtet und dazu aufge-fordert, Ihre Gedanken laut auszusprechen. Der Vorteil dieser Methode ist es, kosten-günstig ein besseres Verständnis des mentalen Modells des Benutzers und dessen Umgang mit dem Tool zu erlangen.

Ergänzend zu den Thinking-Aloud-Untersuchungen werden, wie bereits erwähnt, bezüglich der Evaluation des Tools Interviews mit den Testpersonen durchgeführt. Diese mündliche Befragung wird simultan durch eine schriftliche Befragung per Fragebogen (siehe Abschnitt C.1, Seite 133) begleitet. Dadurch wird den Test-personen, die Möglichkeit eingeräumt, ambivalente Fragestellungen noch während der Bearbeitung des Fragebogens zu annullieren. Der Interviewer – der Autor dieser Arbeit – kann durch diese Vorgehensweise, den zuvor durch die Thinking-Aloud-Technik identifizierten Problemen, noch während des Interviews auf den Grund

---

[6] Vgl. DATech, 2006, S.46-49.

[7] Vgl. Hegner, 2003, S.16.

[8] Testperson ist ein Synonym für Versuchsperson und repräsentiert einen potentiellen Assessment-Teilnehmer.

[9] Unter *„Gebrauchstauglichkeit"* versteht man die Eignung des Tools bei der Nutzung durch be-stimmte Nutzer in einem bestimmten Benutzungskontext, die vorgegebenen Ziele effektiv, effizient und zufriedenstellend zu erreichen. [In Anlehnung an die Quelle: http://de.wikipedia.org/wiki/Gebrauchstauglichkeit_%28Produkt%29, abgerufen am 01.02.2008]

gehen und dadurch die Qualität der Evaluationsergebnisse steigern. Aus diesem Grund werden in dieser Arbeit sowohl subjektive als auch objektive Methoden ihren Einsatz finden. Darüber hinaus wird das Evaluierungsergebnis durch diese Verfahrensweise auch nicht pervertiert.[10]

8.3 Durchführung

Nachdem im vorangegangenen Abschnitt die für diese Arbeit relevanten Evaluationsmethoden identifiziert und erläutert wurden, wird in diesem Abschnitt ein Evaluierungsplan entwickelt. Hierin schließt sich sowohl die Auswahl und Beschreibung der Testpersonen sowie die Testumgebung als auch die Durchführung der Evaluation ein.

Zunächst einmal wird an dieser Stelle nicht nur die Anzahl der Testpersonen, sondern auch eine geeignete Zielgruppe festgelegt. Die Testpersonen stammen aus der OE Datenqualitätsmanagement einer Bank und repräsentieren die Population der Endbenutzer. Bei der Auswahl der Testpersonen ist es nicht zwingend notwendig, ausschließlich Mitarbeiter dieser OE als Probanden einzusetzen. Wie bereits aus der Szenariobeschreibung des Evaluationsfragebogens (siehe Abschnitt C.1) hervorgeht, wäre es sogar wünschenswert, Testpersonen aus anderen OE mit einzubeziehen. Die Folge ist, dass einerseits eine realitätsnahe Evaluation durchgeführt und andererseits der Nutzen des IQ-Assessment Tools besser aufgezeigt werden kann. Darüber hinaus würde der oben beschriebene Pool aus Testpersonen der Zielgruppe sehr nahestehen. Die Testpersonen sind also, als potentielle Assessment-Teilnehmer zu sehen. Es reichen bereits drei bis fünf Testpersonen aus, um in etwa 60-70% der Usability-Probleme zu identifizieren.[11] Dies ist unter anderem auch der Grund dafür, dass in dieser Untersuchung die Anzahl der Evaluatoren auf vier Testpersonen begrenzt wurde. Demzufolge werden diese Probanden die wichtigsten Fehler entdecken.

Ein weiterer wichtiger Aspekt der Evaluation ist es, eine möglichst realistische Testumgebung einzurichten. Eine Felduntersuchung ist wegen ihrer authentischen Testumgebung zu bevorzugen, da die Untersuchungen am Arbeitsplatz der Zielgruppe stattfinden. Im Weiteren basiert die Evaluation auf dem letzten Stand der Risiko-Assessments in einer Bank, so dass die Untersuchung auf der Grundlage aktueller Fragebögen ausgeführt wird. Die Client-Server Architektur des IQ-Assessment Tools (siehe Abbildung 6.2, Seite 75) gestattet unterdessen eine leichte Durchführung der Evaluation. Der individuelle Web-Browser der Testperson dient dabei als Client. Der Web-Server entspricht der in Abschnitt 6.3 auf Seite 73 vorgestellten Hardware.

Die Durchführung der Prüfung erfolgt an einem Tag. Der Autor der vorliegenden Arbeit hat die Funktion des Versuchsleiters und des Interviewers. Die Testpersonen

---

[10] Zu den Vor- und Nachteilen der beiden Methodenvarianten: Vgl. Hegner, 2003, S.18, 60, 62-63.

[11] Vgl. Hegner, 2003, S.28.

bleiben während der gesamten Untersuchung am Arbeitsplatz. Der Fragebogen zur anschließenden Benutzerbefragung wurde bereits vor der Untersuchung (siehe Abschnitt C.1) an jede Testperson gesendet. Darin wurde unter anderem auch der Versuchsablauf beschrieben. Zu Beginn eines jeden Tests wurde der Testperson das Szenario nochmals erläutert. Danach wurden die beschriebenen Tätigkeiten im Rahmen der Evaluation von jeder Testperson ausgeführt. Der Interviewer kann sich just in time ein besseres Bild von der Arbeit mit dem IQ-Assessment Tool machen. Ferner hat der Versuchsleiter auf diese Weise die Möglichkeit, Defizite bei der Benutzung des Tools festzustellen. Im Anschluss daran wird das Interview in Form einer schriftlichen Befragung durchgeführt. Der Fragebogen dient dazu, subjektive Bewertungen des Tools zu erheben, und stellt damit auch keine Normkonformitätsprüfung des Tools dar. Die Gesamtdauer der Evaluierung wird auf 20-30 Minuten taxiert. Dieses Zeitfenster beinhaltet die Beschreibung des Szenarios, die auszuführenden Tätigkeiten von der Testperson während der Evaluierung und die Abschlussbefragung.

Das Interview, das dem festgelegten Fragenkatalog folgt, bildet den Abschluss der Untersuchung. Für den letzten Schritt des Evaluierungsprozesses, Bewertung der Ergebnisse, werden die dualen Antwortvorgaben, die 6-stufigen Antwortskalen und die Freitextfelder (Bemerkungen) ausgewertet. Der Vorteil dieser Vorgehensweise ist nicht nur eine detaillierte Profilbildung hinsichtlich der Bewertung des Tools, sondern auch eine konsequente Gegenüberstellung der in Abbildung 8.1 auf Seite 104 definierten Prüfungskriterien (siehe Abschnitt 8.4).

8.4 Ergebnisbewertung

In diesem Abschnitt werden die zentralen Ergebnisse der Evaluierung präsentiert. Anhang C unterstützt diesen Abschnitt dahingehend, dass in Abschnitt C.1 der Evaluierungsfragebogen im Original abgedruckt und in Abschnitt C.2 die Rohdaten der Evaluierungsergebnisse graphisch aufbereitet wurden. Ergänzend dazu finden bei der Auswertung der Befragungsergebnisse die Erkenntnisse aus der Thinking-Aloud-Technik Anwendung. Darüber hinaus liefert der anwesende Beobachter eine Liste von Abweichungen bezüglich des Qualitätsmodells für die Benutzbarkeit, anhand derer schließlich die Vor- und Nachteile des Tools stärker beleuchtet werden.

Zunächst sollen an dieser Stelle einige Schwierigkeiten bei der Benutzung des IQ-Assessment Tools betrachtet werden. Es zeigte sich, dass nicht jeder beliebige Web-Browser des Clients beim Aufruf des Fragebogens, diesen auch korrekt darstellte. Zwar wurde dies nicht unbedingt als störend empfunden, da in der Darstellung der Seite auf dem Bildschirm bis auf einige ‚weiße Flächen' der vollständige Fragebogen zu sehen ist; ungeachtet dessen geht aber der Effekt der dynamischen Anpassung des Fragebogens verloren. Es stellte sich heraus, dass dieses Problem beim Mozilla Firefox und Internet Explorer von Microsoft auftritt, während der KDE die graphische Benutzeroberfläche des IQ-Assessment Tools fehlerlos anzeigt. Im

Weiteren wurden die Anzeigen der Hilfetexte von den Versuchspersonen als sehr hilfreich angenommen. Gleichwohl sollte in Zukunft der Assessment-Teilnehmer die Möglichkeit haben, die Hilfetexte vor dem Beginn des Assessments vollständig ausschalten zu können.

Insgesamt lässt sich festhalten, dass bei der Benutzung des IQ-Assessment Tools keine gravierenden Probleme auftraten, die bei einem realen Praxiseinsatz ins Gewicht fallen würden. Als nächstes werden nachfolgend die Befragungsergebnisse in Verbindung mit den in Abschnitt C.2 auf Seite 140 graphisch aufbereiteten Ergebnissen interpretiert.

Diese Frage zielte darauf ab, die Nützlichkeit des IQ-Assessment Tools zu hinterfragen. Es zeigte sich, dass das Konzept eindeutig als nützlich bewertet wird, obwohl am Anfang viel Zeit in die technische Realisierung des IQ-Assessment Tools investiert wurde. Gründe dafür sind, die dadurch erreichte Standardisierung und Automatisierung der Risiko-Assessments, die damit die Nachteile des Prototyps gleichzeitig in den Hintergrund stellen. Weiterhin wurde einerseits die Visualisierung der Ergebnisse geschätzt, aber andererseits die Aussagekraft der Auswertung bemängelt. Die Ampelfarben geben eben keine Auskunft über die Qualität der Risiken, sondern liefern ausschließlich Anhaltspunkte für weitere Analysemöglichkeiten.

Neben der Nützlichkeit des Konzepts sollte durch diese Frage die Zuverlässigkeit des IQ-Assessment Tools erfragt werden. Es stellte sich heraus, dass die Applikation für die Versuchspersonen ein Auswertungstool und kein Risikobewertungstool darstellt. Demnach können lediglich bekannte Risiken erfasst und abgebildet werden. Die inhaltlichen Fragen eines Risiko-Assessments sind folglich die Grundlage für konstruktive Auswertungsergebnisse. Die Quintessenz der Frage ist aber nach wie vor, dass die Intelligenz nicht im Tool, sondern weiterhin beim Assessor wiederzufinden ist.

Bei dieser Frage ging es darum, die Akzeptanz des Prototyps einzuschätzen. Das IQ-Assessment Tool wurde von allen Testpersonen akzeptiert. Diese gewisse Akzeptanz wurde insbesondere durch eine kognitive Verbesserung bei der Realisierung eines Risiko-Assessments erreicht. Im Gegensatz zu den zuvor verwendeten Excel-Tabellen, unterstützt dieses Format die Standardisierung der Assessments. In diesem Kontext sei anzumerken, dass das Tool natürlich noch optimierungs- und ausbaufähig ist und stärker auf Nutzerbedürfnisse angepasst werden muss.

Anhand dieser Frage sollte die Produktivität des IQ-Assessment Tools unterstrichen werden. Die Mehrheit der Versuchspersonen ist der Meinung, dass bereits mit dem jetzigen Stand des Tools, der Aufwand bei der Durchführung eines Risiko-Assessments in Hinblick auf eine Massenbefragung, reduziert werden kann. Der Erfolg einer Aufwandsreduktion hängt aber entscheidend von der inhaltlichen Standardisierung der Fragen sowie von einer sinnvollen Darstellung der Risikokomponenten ab. Dies ist auch der Grund dafür, dass sich eine Versuchsperson gegenüber der aktuellen Entwicklungsstufe des IQ-Assessment Tools skeptisch äußerte.

Es sollte die Frage beantwortet werden, ob durch die Standardisierung der Risiko-Assessments, eine Steigerung der Effizienz bei der Auswertbarkeit und Vergleich-barkeit der Ergebnisse erreicht werden kann. Dazu sei festzuhalten, dass der Einsatz des IQ-Assessment Tools die Vergleichbarkeit und Auswertbarkeit der Befragungs-ergebnisse eines Risiko-Assessments wesentlich verbessert, obwohl das Tool zum jetzigen Zeitpunkt noch nicht produktreif ist.

Mit dieser Frage sollte der Effektivität des IQ-Assessment Tools auf den Grund gegangen werden. Die Versuchspersonen vertreten alle den Standpunkt, dass sich durch das Tool die Risiken effizienter analysieren lassen. Dennoch sollte die Einarbeitungszeit in das Tool weiter reduziert werden. Eine Versuchsperson macht den Effizienzgewinn, der sich durch das Tool ergibt, von den inhaltlichen Fragestellungen des Risiko-Assessments abhängig. Dies unterstreicht nochmals die These aus der zweiten Frage, nach der der Erfolg des Tools von den konsistenten Fragestellungen des Risiko-Assessments abhängt.

Im Weiteren sehen die Versuchspersonen nicht nur Vorteile in der einfachen Wiederholbarkeit der Befragungsergebnisse, sondern auch in der Durchführung der Risiko-Assessments insgesamt. Durch die Automatisierung der Risiko-Assessments werden die jeweiligen Iterationsschleifen der Risiko-Assessments signifikant be-schleunigt. Eine Versuchsperson ist aber der Meinung, dass sich diese Vorteile nur dann erreichen lassen, wenn stets derselbe Personenkreis befragt wird.

Auf der einen Seite haben die Versuchspersonen keine Vorbehalte gegenüber einer Archivierung der Befragungsergebnisse, da Abstriche ausschließlich in den Vorgesprächen der Risiko-Assessments gemacht werden können. Auf der anderen Seite erklärten die Versuchspersonen, dass eine Speicherung der Daten als kritisch zu betrachten sei, da es stets eine Frage der Unternehmenskultur sei, in welchem Maße Transparenz überhaupt gewünscht ist. Des Weiteren sei anzumerken, dass eine anonyme Speicherung der Daten sich nicht negativ auf die Flexibilität des Tools auswirkt.

Nachdem bereits während der Benutzbarkeitstests mittels der Thinking-Aloud-Technik Indikationen für Mängel bei der Implementation des IQ-Assessment Tools identifiziert wurden, sollen darüber hinaus die Versuchspersonen die Möglichkeit haben, subjektive Verbesserungsvorschläge vorzunehmen. Hieraus lassen sich dann die wichtigsten Eigenschaften des IQ-Assessment Tools aus Sicht eines potentiellen Assessment-Teilnehmers ableiten.

Folgende Verbesserungsvorschläge sind demnach festzuhalten:

- Auswertungsmöglichkeiten sollten über die Ampelfunktionen hinausgehen,

- Erweiterung der graphischen Auswertungsmöglichkeiten,

- Eine transparentere Konfiguration der Auswertung,

- Die Auswertung der Befragungsergebnisse sollte für jeden Assessment-Teilnehmer nachvollziehbar sein,

- Excel-Auszüge aus der Datenbank sollten vereinfacht werden.

Die Frage zielte darauf ab, heraus zu finden, ob das Tool auch in anderen Bereichen respektive Branchen der Wirtschaft Verwendung findet. Es zeigte sich, dass sich alle Versuchspersonen durchaus einen Einsatz des Tools in anderen Bereichen der Wirtschaft vorstellen können. Demgemäß sollte zum einen der Inhalt das Informationsbedürfnis befriedigen und zum anderen eine freundlichere Benutzeroberfläche entwickelt werden.

Abschließend wurden die Versuchspersonen nach den Mehrwert des IQ-Assessment Tools befragt. Zusammenfassend kristallisierten sich folgende Aussagen heraus, die da sind:

- Bei einer Massenbefragung wird eine deutliche Beschleunigung bei der Durchführung von Risiko-Assessments erreicht.

- Aufbau einer Wissensdatenbank.

- Die Standardisierung der Fragen ermöglicht einen besseren Benchmark.

- Erleichtert die Auswertung der Fragebögen signifikant.

- Es werden weitere Synergiepotentiale beim Erkennen von Problemfeldern (Risiken) freigesetzt.

- Professionalisierung der Risiko-Assessments aufgrund einer IT-gestützten, integrierten Lösung.

Das zentrale Ergebnis der Evaluation ist, dass der Einsatz des IQ-Assessment Tools als Erfolg gewertet wurde. Die große Akzeptanz des Tools lässt sich in erster Linie anhand der Bewertungsergebnisse des IQ-Assessment Tools ablesen. Hiernach liegen die Durchschnittsnoten bei der Bewertung des IQ-Assessment Tools alle im Intervall [2,25;3,75] (siehe Abschnitt C.2, Seite 140). Um die Akzeptanz weiterhin zu erhöhen, sollte neben den aufgetretenen Problemen bei der Benutzung des Tools, auch das Seitendesign insgesamt verbessert werden. Abgesehen davon, ist die Kernfunktionalität des IQ-Assessment Tools unter dem Aspekt einer prägnanteren Analyse der Risiken zu optimieren. In jedem Fall wird die Wahrnehmung der Risiken durch das Tool entscheidend intensiviert.

Als Fazit der Evaluierung sei festzuhalten, dass das IQ-Assessment Tool lediglich das abbilden kann, was auch zuvor in der inhaltlichen Logik erarbeitet wurde. Es wird allerdings erwartet, dass das IQ-Assessment Tool zu einer Verbesserung des gesamten Risikomanagementprozesses respektive Datenqualitätsmanagementprozesses führt.

8.5 Schlußbemerkung

In der formativen Evaluation der Arbeit wurden alle vier Schritte des Evaluierungs-prozesses adäquat durchlaufen (siehe Abschnitt 8.1 bis 8.4). Das Ergebnis der Evaluation ist, dass das IQ-Assessment Tool eine große Resonanz bei den Test-personen hervorruft.

Die in Abbildung 8.2 auf Seite 105 dargestellten Evaluationsmittel dienen dazu, die Evaluationskriterien aus Abbildung 8.1 auf Seite 104 zur Erreichung des gewählten Evaluierungsziels zu beurteilen. Die Fragen an den Benutzer (siehe Abschnitt C.1, Seite 133) haben das Ziel, einen ersten Eindruck von den Nutzungs-problemen zu bekommen. Zu diesem Zweck wurden die Testpersonen mit dem IQ-Assessment Tool konfrontiert. In Abschnitt 8.3 wurde daraufhin die Durchführung der Evaluierung beschrieben.

Schließlich wurde die Evaluierung der automatisierten Risiko-Assessments mit den beiden Abschnitten C.1 und C.2 unterstützt (siehe Anhang C, Seite 133). Dabei unterteilte sich der Auswertungsprozess nach wie vor in mehrere Schritte: Zunächst wurden die erhobenen Daten der Evaluation zusammengefasst und visualisiert. Im nächsten Schritt wurden die graphisch aufbereiteten Rohdaten analysiert. Abschließend wurden dann die Ergebnisse der Evaluation präsentiert und bewertet (siehe Abschnitt 8.4).

Ausblick

Im nun folgenden letzten Teil der Arbeit sollen noch einmal die wesentlichen Ergebnisse der Arbeit resümiert und revidiert werden. Ein abschließendes Kapitel gibt einen Ausblick auf mögliche Ansatzpunkte, an denen weiterführende Arbei-ten anknüpfen können, um das entwickelte IQ-Assessment Tool sowohl technisch als auch fachlich zu ergänzen und zu optimieren.

Teil IV

ZUSAMMENFASSUNG UND AUSBLICK

Kapitel 9

Zusammenfassung

In diesem Kapitel sollen die wichtigsten Ergebnisse und Erkenntnisse der Arbeit zusammengefasst (siehe Abschnitt 9.1) und abschließend kritisch beleuchtet werden (siehe Abschnitt 9.2).

9.1 Zusammenfassung der Ergebnisse

Zielsetzung dieser Arbeit ist es, ein Konzept zur Realisierung eines standardisierten Risiko-Assessments für Datenqualität zu entwickeln. Die Motivation dieses Vorhabens geht unter anderem aus der aktuellen Gesetzeslage hervor (siehe Kapitel 1). Zudem wurden in der Praxis bisher noch keine automatisierten Risiko-Assessments realisiert. Diese Arbeit soll daher diesbezüglich einen Beitrag leisten, indem im ersten Teil der Arbeit die definitorischen Grundlagen für die Einbettung eines Datenqualität-Regelkreises in einen Risikomanagementprozess entwickelt wurden (siehe Kapitel 2 bis Kapitel 4).

Der assimilierte Risikomanagementprozess berücksichtigt die Daten übergreifend, von der Risikoidentifizierung bis zur Risikoüberwachung (siehe Kapitel 5). Das vorgestellte Konzept verdeutlicht, dass die Risiko-Assessments als ganzheitlicher Ansatz betrachtet werden und eine wesentliche Grundlage für ein proaktives Datenqualitätsmanagement darstellen. Ein weiterer Schwerpunkt im zweiten Teil der Arbeit liegt nach wie vor in der Visualisierung von Risikokomponenten, unter dem Aspekt einer detaillierten Analyse der Risiken. Hierfür wurde ein theoretisches Modell entwickelt, dessen Umsetzung eindeutig aufgezeigt und konkretisiert wurde (siehe Kapitel 6). Die prototypische Entwicklung des IQ-Assessment Tools ist eines der zentralen Ergebnisse dieser Arbeit.

Im Anschluss daran wurden im dritten Teil der Arbeit die erarbeiteten Konzepte für die Realisierung eines Risiko-Assessments anhand des Anwendungsbeispiels Banken vertieft. Auf Basis dieser Ergebnisse wurden die Schritte eines proaktiven Datenqualitätsmanagements als ein phasenorientiertes Vorgehensmodell expliziert. Die einzeln beschriebenen Phasen stellen einen Leitfaden zur Realisierung eines adäquaten Risiko-Assessments für Datenqualität zur Verfügung (siehe Kapitel 7).

Charakteristisch für dieses Konzept ist die ganzheitliche Betrachtungsweise im Sinne eines kontinuierlichen Datenqualitätsmanagementprozesses.

9.2 Abschließende Beurteilung

In dieser Arbeit wurden wichtige Erkenntnisse in Bezug auf die Kohärenz zwischen Datenqualität und IT-Risikomanagement erarbeitet. Die Integration des Daten-qualität-Regelkreises in einen Risikomanagementprozess wurde in der Praxis auf diese Weise noch nicht beschrieben. Hierbei wurde deutlich, dass das IT-Risiko-management eines Unternehmens stärker denn je vom Datenqualitätsmanagement beeinflusst wird. Insgesamt besteht die Notwendigkeit, das IT-Risikomanagement um Datenqualitäts-Themen zu erweitern. Dabei sollten die methodischen Grundlagen bezüglich der Integration der Risiko-Assessments in Datenqualitätsmanagement-prozesse vervollständigt respektive ausgeweitet werden. Es bleibt festzuhalten, dass jede Unternehmensentscheidung bekanntlich auf Daten basiert, die schließlich durch ein standardisiertes Risiko-Assessment nicht nur akkurat, sondern auch effizient validiert werden kann.

Das IQ-Assessment Tool dient insbesondere dazu, die induzierten Risiken durch Daten weitgehend automatisch auszuwerten. Weiterhin trägt die werkzeugunter-stützte Auswertung wesentlich zu einer effizienten Bewertung der Risiken bei. Dennoch zeigte sich, dass die Auswertung der Befragungsergebnisse eines Risiko-Assessments ein zentrales Problem darstellt, obwohl das IQ-Assessment Tool auf große Akzeptanz stößt. Folglich sollte die Auswertung für alle Assessment-Teilnehmer transparenter sein, da die Ampelfarben lediglich auf einer subjektiven Gewichtung der Befragungsergebnisse basieren. Die Ampelzustände sollten daher für jeden Assessment-Teilnehmer eindeutig nachvollziehbar sein. Es wurde deutlich, dass bei der Evaluation des Prototyps weniger technische Probleme als konzeptio-nelle Hindernisse bezüglich der Auswertungsmetrik zutage kamen. Ungeachtet dessen ist die Implementierung einer adäquaten Berechnungsvorschrift bezüglich der Auswertung eines Risiko-Assessments notwendig. Nicht zuletzt bilden die erzielten Ergebnisse im Rahmen dieser Arbeit eine wichtige Basis für die Weiterentwicklung eines proaktiven Datenqualitätsmanagements.

Insgesamt werden die Ampelfarben aber, ungeachtet der Tatsache, dass sie lediglich Hinweise auf einer präziseren Analyse der Risiken geben, akzeptiert und als nützlich empfunden. Es stellte sich heraus, dass sich ein Risiko-Assessment in erster Linie zur Identifikation bestehender und offensichtlicher Risiken eignet. Dabei gibt der erarbeitete Prototyp ausschließlich Hinweise auf mögliche Risiken und model-liert diese mit Hilfe von Ampelfarben.

Anhand einer Risikobewertungsmatrix wird zusätzlich eine Möglichkeit ange-boten, um die induzierten Risiken durch Daten auf komfortable Weise aufzubereiten und zu beschreiben. Überdies wird der Datenqualitätsmanagementprozess durch die Risikomatrix dahingehend unterstützt, dass einerseits weitere Risikofelder identifiziert werden und andererseits der Effekt eines automatisierten Risiko-Assessments auf feingranularer Ebene erhöht wird.

Zusammenfassend sei festzuhalten, dass durch den Einsatz der Risiko-Assessments nicht garantiert werden kann, dass auch sämtliche Risiken im Unternehmen erfasst und für die Unternehmensleitung transparent aufbereitet werden. Es kristallisierte sich heraus, dass das IQ-Assessment Tool eine unterstützende Funktion im gesamten Datenqualitätsmanagementprozess einnehmen wird.

Kapitel 10

Ausblick

Dieses Kapitel soll ungelöste Fragestellungen identifizieren und interessante Anhaltspunkte für weitere Forschungsarbeiten aufzeigen. Neben Vorschlägen zur Verbesserung des IQ-Assessment Tools sollen auch allgemeine Forschungsfragen erörtert werden (siehe Abschnitt 10.1). Abschließend wird das Kapitel mit einem Fazit der Arbeit geschlossen (siehe Abschnitt 10.2).

10.1 Weiterführende Arbeiten

Nachdem bereits einige funktionale Erweiterungen bei der Auswertung der Risiko-Assessments in der Arbeit angesprochen wurden, sollen an dieser Stelle weitere konkrete Umsetzungen für das vorgestellte Risiko-Assessment kurz erläutert werden.

Im Bereich der Risiko-Assessments für Datenqualität besteht nach wie vor weiterer Forschungsbedarf. Insbesondere ist das IQ-Assessment Tool um technische Aspekte zu erweitern, außerdem müssen standardisierte Vorgehensweisen für die einzelnen Schritte im Datenqualitätsmanagementprozess entwickelt werden. Der prinzipielle Ablauf eines proaktiven Datenqualitätsmanagements ist also, aufbauend auf den Ergebnissen des in Kapitel 7 vorgestellten Konzepts, in weiteren Arbeiten zu konkretisieren.

Es gilt die Frage zu klären, wie man die Gewichtung einzelner Befragungs-ergebnisse homogen in die Gesamtauswertung integriert. Daher ist der Entwurf einer anwendbaren Methodik ein Thema zukünftiger Arbeiten. Hierfür müssen neue Berechnungsvarianten erarbeitet werden. Im Rahmen der Arbeit wurden einige Berechnungsvarianten betrachtet, welche es aber auf weitere Berechnungsmethoden auszuweiten gilt. Mögliche Ansätze wären, die bereits vorgestellte Berechnungs-vorschrift zu validieren und zu ergänzen. Dabei sollte die Gesamtaggregation der Risiken weiter konkretisiert werden. Schließlich wird bei der Auswertung der Befragungsergebnisse weiterer Forschungsbedarf gesehen. Technisch sind daher weitere Auswertungssichten zu integrieren, um die Risiken auch entlang von Prozesssichten auf allen Unternehmensebenen abbilden zu können. Dabei sollten originelle Visualisierungsmöglichkeiten bezüglich der Auswertung erarbeitet werden.

Im Folgenden werden zusätzliche Ansatzpunkte für weitere Arbeiten aufgeführt. Demnach könnte das in dieser Arbeit vorgestellte IQ-Assessment Tool dahingehend erweitert werden, dass eine Wissensdatenbank aufgebaut wird, indem die identifizierten Risiken (Problemfelder) in Verbindung mit den bereits durchgeführten Risikobehandlungsmaßnahmen archiviert werden. Die konzeptionelle Basis des Tools sollte daher nochmals kritisch reflektiert und weiterentwickelt werden. Es könnten demnach Funktionalitäten realisiert werden, anhand derer sich nicht nur Risiken, sondern auch die durchgeführten Behandlungsmaßnahmen überwachen lassen. Die Prämisse für eine ganzheitliche Sicht der Risiken ist der Aufbau eines „lernenden Systems". Hierfür ist es notwendig, einzelne Prozesssichten zu aggregieren, um Fragen nach zukünftigen Risiken eindeutig beantworten zu können.

Des Weiteren sollte untersucht werden, ob jeder Rollenteilnehmer im Data-Ownership-Konzept auch in der Lage ist, dem Datennutzer jederzeit qualitativ hochwertige Daten zu liefern. Insbesondere sind in den Arbeiten die Beziehungen sämtlicher Rollenteilnehmer im Data-Ownership-Konzept, in Bezug auf einen ganzheitlichen Datenqualitätsprozess zu erforschen. Ergänzend dazu sollte die theoretische Basis der vorgestellten Definition in dieser Arbeit kritisch hinterfragt werden.

10.2 Fazit

In dieser Arbeit wurde mit dem IQ-Assessment Tool eine Applikation entwickelt, die es ermöglicht, Risiko-Assessments für Datenqualität standardisiert auszuwerten. Mit den automatisierten Risiko-Assessments können die Risiken sowohl auf einer feingranularen Ebene als auch auf einer grobgranularen Ebene evaluiert werden.

Das als Novum vorgestellte IQ-Assessment Tool, ist als unterstützendes Werkzeug in einem proaktiven Datenqualitätsmanagementprozess zu betrachten. Darüber hinaus ist das in dieser Arbeit dargestellte IQ-Assessment Tool, als eine innovative Applikation zur Evaluierung und Auswertung der Risiken aufzufassen.

Es zeigte sich, dass die beiden implementierten Prototypen auf großes Interesse gestoßen sind, da sie es erlauben, eine Vielzahl von Risiken übersichtlich graphisch abzubilden. Das präsentierte Vorgehensmodell zur Implementierung eines proaktiven Datenqualitätsmanagementprozesses unterstreicht nochmals die Praxistauglichkeit der neuartigen Applikation. Entsprechend kann das IQ-Assessment Tool dazu verwendet werden, um zukünftig Risiken im Unternehmen nicht nur auszuwerten, sondern auch zu vermeiden.

Anhang

APPENDIX

Anhang A

Technische Realisierung

Dieses Kapitel dokumentiert die essenziellen Schritte eines Risiko-Assessments. Zur Unterstützung des Kapitels 6 werden in den beiden Abschnitten A.1 und A.2 die technischen Realisierungen des Risiko-Assessments genauer expliziert. Entsprechend wird in Abschnitt A.1 ein Ausschnitt des Programmcodes erläutert. Anschließend werden in Abschnitt A.2 ausgewählte Detailergebnisse der Implementierung vorgestellt.

Die nachstehende Abbildung zeigt die Architektur der Risiko-Assessments aus technischer Sicht. Dabei wird nochmals deutlich, dass sich aus der Archivierung der Befragungsergebnisse ein hoher Nutzen hinsichtlich der Auswertung der Risiko-Assessments erzielen lässt.

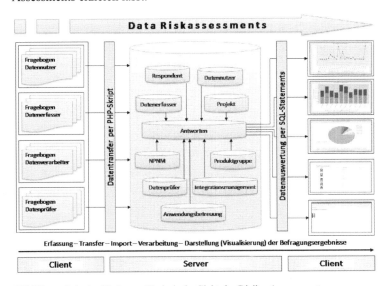

Abbildung A.1: Architektur – Technische Sicht der Risiko-Assessments

A.1 Fragebogen

Das Listing A.1 entspricht einem Auszug aus der Datei Data-Owner.php. Der Programmcode zeigt ein PHP-Skript und deren vereinfachte Darstellung[1]. Dieser Quellcode des Programmes wertet die in Abschnitt 6.3 abgedruckten Screenshots aus. Listing A.1 deklariert demnach die technische Realisierung eines Risiko-Assessments zur Bestimmung des Status quo der Datenqualität in einem Unternehmen.

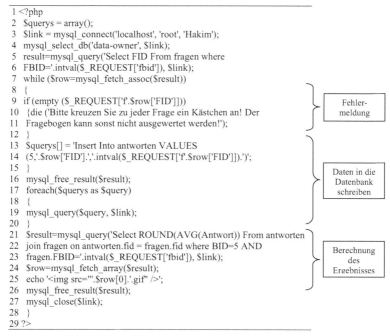

```
1 <?php
2   $querys = array();
3   $link = mysql_connect('localhost', 'root', 'Hakim');
4   mysql_select_db('data-owner', $link);
5   result=mysql_query('Select FID From fragen where
6   FBID='.intval($_REQUEST['fbid']), $link);
7   while ($row=mysql_fetch_assoc($result))
8   {
9     if (empty ($_REQUEST['f'.$row['FID']]))
10    {die ('Bitte kreuzen Sie zu jeder Frage ein Kästchen an! Der
11    Fragebogen kann sonst nicht ausgewertet werden!');
12    }
13    $querys[] = 'Insert Into antworten VALUES
14    (5,'.$row['FID'].','.intval($_REQUEST['f'.$row['FID']]).')';
15    }
16    mysql_free_result($result);
17    foreach($querys as $query)
18    {
19    mysql_query($query, $link);
20    }
21    $result=mysql_query('Select ROUND(AVG(Antwort)) From antworten
22    join fragen on antworten.fid = fragen.fid where BID=5 AND
23    fragen.FBID='.intval($_REQUEST['fbid']), $link);
24    $row=mysql_fetch_array($result);
25    echo '<img src="'.$row[0].'.gif" />';
26    mysql_free_result($result);
27    mysql_close($link);
28    }
29 ?>
```

Fehler-
meldung

Daten in die
Datenbank
schreiben

Berechnung
des
Ergebnisses

Listing A.1: Skript zur Auswertung des Fragebogens

A.2 Detailergebnisse

In diesem Abschnitt werden ausgewählte Aspekte der Implementierung vorgestellt. Hierbei werden Detailergebnisse auf Code-Ebene anhand von Screenshots näher erläutert.

Wie bereits aus dem in Abschnitt A.1 vorgestellten Programmcode (siehe Listing A.1) hervorgeht, wird durch Zeile 9 bis 12 abgefragt, ob auch tatsächlich sämtliche Fragen im Assessment beantwortet wurden. Falls das nicht der Fall sein sollte, wird

---

[1] In der vollständigen Darstellung ist der gesamte PHP-Code in einem HTML-Code eingebunden. Zur Vereinfachung ist der HTML-Code in diesem Beispiel (Lisiting A.1) nicht enthalten.

die in Abbildung A.2 dargestellte Fehlermeldung angezeigt. Sofern keine Fehlermeldung vorliegt, werden durch den Zeilen 13 bis 20 sämtliche Befragungsergebnisse der Assessment-Teilnehmer in die Datenbank geschrieben.

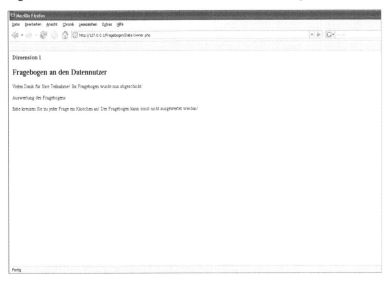

Abbildung A.2: Screenshot der Fehlermeldung

Die unten aufgeführte Abbildung A.3 zeigt ein Screenshot des Gesamtergebnisses.
Auf Code-Ebene wird durch ein SQL-Statement das arithmetische Mittel berechnet,
um im Anschluss die zutreffende Ampelfarbe (siehe Tabelle 6.1, Seite 79) wiederzugeben. Der entsprechende Quelltext wird in den Zeilen 21 bis 25 aufgeführt. Es sei
anzumerken, dass die angezeigte Ampelfarbe lediglich auf Gefahren hinweist, denen
auf den Grund gegangen werden muss.

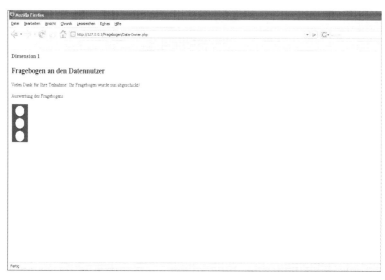

Abbildung A.3: Visualisierung des Ergebnisses

Anhang B

Anwendungen

Dieses Kapitel gibt eine vollständige Implementierung aller relevanten Aspekte zur Realisierung eines Risiko-Assessments auf feingranularer Ebene wieder. In den beiden Abschnitten B.1 und B.2 werden die notwendigen Skripte bereitgestellt und erläutert.

Die Quelltexte in den folgenden Abschnitten zeigen die technische Realisierung der in Kapitel 7 aufgeführten Abbildungen des automatisierten Risiko-Assessments hinsichtlich des Anwendungsbeispiels Banken. Vorab sei bereits erwähnt, dass es sich aus Platzgründen bei dem abgedruckten Code nicht um den vollständigen Code handelt.

Der technische Ablauf eines Risiko-Assessments besteht im Wesentlichen aus drei Schritten, die da sind:

(1) Erstellung des Fragebogens.

(2) Erfassung der Befragungsergebnisse (siehe Listing B.1).

(3) Auswertung der Befragungsergebnisse (siehe Listing B.2).

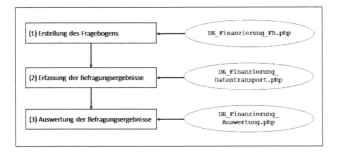

Abbildung B.1: Allgemeiner Ablauf eines Risiko-Assessments und verwendete Programme

B.1 Implementation

Für die Realisierung des Risiko-Assessments werden im Grunde genommen, die in diesem Abschnitt der Arbeit aufgeführten Listings verwendet (siehe Abbildung B.1).

B.1.1 Datentransport

Dieser Abschnitt erklärt durch Listing B.1, wie die Befragungsergebnisse jedes Assessment-Teilnehmers in die MySQL-Datenbank geschrieben werden. Dieses Vorgehen ist für alle Antwortmöglichkeiten dasselbe. Die Quelltextzeilen sind der Datei DE_Finanzierung_Datentransport.php zu entnehmen.

```
1 <?php
2 $link = mysql_connect('localhost', 'root', 'Hakim');
3 mysql_select_db('dq-assessment', $link);
4 mysql_query ('Insert Into antworten
5 VALUES('.$bid.',1,1,2,\".$_REQUEST['Radio1'].'\',\'Radio1\' )', $link);
6 foreach ($_REQUEST['Doppelerfassungen'] as $Doppelerfassungen)
7 {
8 $Doppelerfassungen != '0' && mysql_query ('Insert Into antworten
9 VALUES ('.$bid.',1,1,2,\".$Doppelerfassungen.'\',
10 \'Doppelerfassungen\' )', $link);
11 }
12 if (!empty ($_REQUEST['Bemerkungen2']))
13 {
14 mysql_query ('Insert Into antworten VALUES('.$bid.',1,1,2,
15 \".$_REQUEST['Bemerkungen2'].'\',\'Bemerkungen2\')', $link);
16 }
17 isset($_REQUEST['keinebekannt']) && mysql_query ('Insert Into antworten
18 VALUES('.$bid.',1,1,2,\".$_REQUEST['keinebekannt'].'\',
19 \'keinebekannt\')', $link);
20 ?>
```

Antworten werden in die DB geschrieben

Listing B.1: Skript zum Datentransport

Mit der Zeile 6 bis 11 werden ausschließlich die markierten Antworten innerhalb einer ‚Auswahlbox' in die Datenbank geschrieben. Die Zeilen 12 bis 19 prüfen zunächst einmal, ob eine ‚Checkbox' in den Antwortmöglichkeiten ausgewählt wurde, wenn ja, werden die Befragungsergebnisse anschließend in die Datenbank geschrieben. Auf diese Weise ist es möglich, alle Befragungsergebnisse eindeutig zu erfassen.

B.1.2 Auswertung

Der folgende Abschnitt beschreibt unterschiedliche Aspekte bezüglich der Auswertung sämtlicher Befragungsergebnisse (Listing B.2). Der Quelltext ist ein Auszug aus der DE_Finanzierung_Auswertung.php Datei.

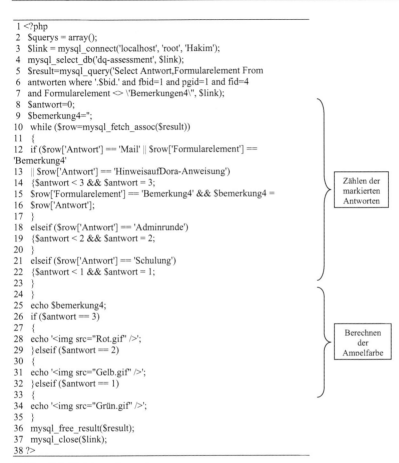

```
1  <?php
2  $querys = array();
3  $link = mysql_connect('localhost', 'root', 'Hakim');
4  mysql_select_db('dq-assessment', $link);
5  $result=mysql_query('Select Antwort,Formularelement From
6  antworten where '.$bid.' and fbid=1 and pgid=1 and fid=4
7  and Formularelement <> \'Bemerkungen4\'", $link);
8  $antwort=0;
9  $bemerkung4='';
10   while ($row=mysql_fetch_assoc($result))
11   {
12   if ($row['Antwort'] == 'Mail' || $row['Formularelement'] ==
'Bemerkung4'
13   || $row['Antwort'] == 'HinweisaufDora-Anweisung')
14   {$antwort < 3 && $antwort = 3;
15   $row['Formularelement'] == 'Bemerkung4' && $bemerkung4 =
16   $row['Antwort'];
17   }
18   elseif ($row['Antwort'] == 'Adminrunde')
19   {$antwort < 2 && $antwort = 2;
20   }
21   elseif ($row['Antwort'] == 'Schulung')
22   {$antwort < 1 && $antwort = 1;
23   }
24   }
25   echo $bemerkung4;
26   if ($antwort == 3)
27   {
28   echo '<img src="Rot.gif" />';
29   }elseif ($antwort == 2)
30   {
31   echo '<img src="Gelb.gif" />';
32   }elseif ($antwort == 1)
33   {
34   echo '<img src="Grün.gif" />';
35   }
36   mysql_free_result($result);
37   mysql_close($link);
38 ?>
```

Zählen der markierten Antworten

Berechnen der Ampelfarbe

Listing B.2: Skript zur Auswertung

B.2 Detailergebnisse

In diesem Abschnitt soll die Implementierung besonders interessanter Detail-ergebnisse durch die Unterabschnitte B.2.1 bis B.2.3 beschrieben und erläutert werden.

B.2.1 Logischer Ablauf eines Fragebogens

Der logische Ablauf eines Fragebogens wird durch die beiden Listings B.3 und B.4 beschrieben. Wie bereits erwähnt, ist der Ablauf der Fragen von den vorangegangenen Antworten eines Befragten abhängig.

```
1  <fieldset>
2  <legend>(3)<b> Sind Ihnen explizite Anforderungen aus den Basel II
3  Projekten bekannt?</b></legend><br>
4  <table width="100%">
5  <tr>
6  <td align="right"><input onclick="javascript:
7  document.getElementById('Einblenden').style.visibility='visible'"
8  checked type="radio" name="Radio2" value="Ja">Ja</td>
9  <td><input onclick="javascript:
10 document.getElementById('Einblenden').style.visibility='hidden'" checked
11 type="radio" name="Radio2" value="Nein">Nein</td>
12 </tr>
13 </table>
14 </fieldset>
15 <fieldset style="visibility:hidden" Id="Einblenden">
```

Listing B.3: Skript zum logischen Ablauf des Fragebogens (Teil 1)

Der obige sowie der nachfolgende Quellcode (Listing B.3 und B.4) ist ein Auszug aus der Datei DE_Finanzierung_FB.php. In beiden Listings wird die technische Umsetzung einer dynamischen Anpassung des Fragebogens erläutert.

Der Befragte beeinflusst anhand seiner individuellen Antwortmöglichkeiten den Verlauf des Fragebogens. Schließlich werden aus den Antworten einer vorangegangenen Frage noch nicht verwendete Fragen generiert (siehe Listing B.4).

```
1  <script type="text/javascript">
2  function CheckAuswahl () {
3  for (i=0; i<document.getElementById('DQProbleme').length;i++)
4  {
5  document.getElementById('a'+ i).style.visibility='collapse';
6  }
7  for (i=0; i<document.getElementById('DQProbleme').length;i++)
8  {
9  if (document.getElementById('DQProbleme')[i].selected == true)
10 {
11 document.getElementById('a'+ i).style.visibility='visible';
12 }
13 }
14 }
15 </script>
16 ...
17 <Select  onclick="return CheckAuswahl()" id="DQProbleme"
18 name="DQProbleme[]" size="3"
19 style="width:250px;" width=250 multiple>
20 ...
21 <tr id="a0" style="visibility:collapse">
22 ...
```

Listing B.4: Skript zum logischen Ablauf des Fragebogens (Teil 2)

B.2.2 Hilfetexte

Das folgende Listing zeigt eine Möglichkeit auf, die Repräsentativität der Befragungsergebnisse zu steigern. Hierfür werden zu ausgewählten Fragen Hilfetexte aufgeblendet, um ambivalente Fragestellungen nicht falsch zu interpretieren. Bei onmouseover (bei Berührung) wird der Hilfetext angezeigt und durch onmouseout (beim Verlassen des Elements mit der Maus) wieder der ursprüngliche Text[1] (siehe Zeile 1 - 4). Das unten aufgeführte Listing ist ein Auszug aus der Datei DE_Finanzie rung_FB.php.

```
1  <legend>(1)<b onmouseover="javascript:
2  document.getElementById('Eins').style.visibility='visible'"
3  onmouseout="javascript:document.getElementById('Eins').style.
4  visibility='hidden'">Welche Systeme werden in IhremUB genutzt?</b>
5  </legend> ...
6  <div style="position:absolute;visibility:hidden;width:200px;height:100;
7  background-color:gray;" Id="Eins">An dieser Stelle werden Hilfetexte
8  für die aktuelle Frage angeboten!!!</div>
```

Listing B.5: Skript zu den Hilfetexten

Die folgende Abbildung zeigt die graphische Oberfläche der technischen Umsetzung eines Hilfetextes. Die Hilfetexte (grau hervorgehoben) unterstützen den Befragten beim Ausfüllen des Fragebogens (siehe Zeile 6 - 8).

Abbildung B.2: Beispiel für einen Hilfetext

---

[1] Das angezeigte Textfeld ist einerseits leer und andererseits nicht für den Befragten sichtbar.

B.2.3 Benutzer-Identifikation

Listing B.6 – Auszug der DE_Finanzierung_FB.php Datei – überprüft, ob ein Integer-Wert (ganze Zahl) aufgrund einer Benutzer-Identifikation eingegeben wurde (siehe Zeile 2 – 3). Falls die IF-Bedingung nicht erfüllt ist, wird eine Fehlermeldung zurückgegeben und das ‚Speichern' der Befragungsergebnisse in die Datenbank schlägt fehl. Dies wird durch Zeile 5 realisiert.

```
1 <?php
2  if (is_numeric($_REQUEST['BID']))
3  {$bid=$_REQUEST['BID'];
4  }else
5  {die ('Bitte nur ganze Zahlen eingeben!');
6  }
7 ?>
```

Listing B.6: Skript zur Sicherung der Benutzer-Identifikation (BID)

Weiterhin sei in diesem Kontext zu erwähnen, dass nun sämtliche Assessment-Teilnehmer eine eindeutige BID haben, an derer sich alle Befragungsergebnisse in der Datenbank akkurat differenzieren lassen. Danach eignet sich die BID sehr gut als Primärschlüssel in der Datenbank und favorisiert dazu eine präzise und effiziente Auswertung der Fragebögen.

Anhang C

Evaluationsfragebogen

In diesem Kapitel – das in erster Linie zur Unterstützung von Kapitel 8 dient – wird in Abschnitt C.1 der Evaluationsfragebogen im Original aufgeführt. Die Ergebnisse der Evaluation werden schließlich in Abschnitt C.2 graphisch präsentiert.

C.1 Fragebogen im Original

Liebe(r) Teilnehmer(in),

dieser Fragebogen dient insbesondere dazu, Ihre persönliche Einschätzung hinsichtlich des IQ-Assessment Tools zu erfassen. Aus diesem Grund wird Ihnen im Laufe der Evaluation zunächst ein Szenario vorgestellt, bei dem dieses Tool zum Einsatz kommt. Ihre Aufgabe ist es zu beurteilen, wie gut oder wie schlecht das automatisierte Data Riskassessment Sie in Ihren operativen Tätigkeiten unterstützt. Zu diesem Zweck werden Sie am Ende der Untersuchung zu Ihren Erfahrungen mit dem Tool befragt und um eine Stellungnahme gebeten. Die Antworten in diesem Kontext werden dazu verwendet, Qualitätsmängel bezüglich der Software zu erfassen. Im Weiteren sollen Sie während der Bearbeitung der Aufgaben Ihre Gedanken aussprechen, da die dadurch gewonnenen Erkenntnisse ebenfalls in die Evaluation einfließen. Die Dauer der Evaluation beträgt 20-30 Minuten.

Szenario

Stellen Sie sich also bitte vor, Sie seien ein Assessment-Teilnehmer und gehören irgendeiner OE Ihres Unternehmens an. Sie können von Ihrem Arbeitsplatz aus mit Ihrem Web-Browser unter der URL http://127.0.1.1/FB/DE_Index.html und der URL http://127.0.1.1/Fragebogen/ die auszufüllenden Fragebögen im Rahmen des Assessments abrufen. Für das Erreichen des Fragebogens wird die URL in Verbindung mit weiteren Zugangsdaten (wie in etwa BID, Einmal-Passwort) an Ihre E-Mail-Adresse gesendet. Nachdem der Fragebogen von Ihnen ausgefüllt und abgeschickt wurde, erhalten Sie im Anschluss eine Bestätigungs-Mail. In der

Bestätigungs-Mail wird Ihnen ein Link zur Verfügung gestellt, der Sie auf eine Webseite mit den Ergebnissen Ihres Assessments referenziert.

Versuchsablauf

(1) Tätigkeit:

- Bitte öffnen Sie nun die URL http://127.0.1.1/Fragebogen/ in Ihrem Web-Browser.

- Machen Sie sich kurz mit der Funktionsweise des IQ-Assessments bekannt.

- Beginnen Sie mit der Beantwortung der Fragen.

- Senden Sie die Befragungsergebnisse an den Assessmentleiter.

(2) Tätigkeit:

- Bitte öffnen Sie nun die URL http://127.0.1.1/FB/DE_Index.html in Ihrem Web-Browser.

- Machen Sie sich kurz mit der Funktionsweise des IQ-Assessments bekannt.

- Geben Sie Ihre BID-Kennzahl ein! (Zu Testzwecken verwenden Sie bitte die BID=1).

- Beginnen Sie mit der Beantwortung der Fragen.

- Senden Sie die Befragungsergebnisse an den Assessmentleiter.

Interviewfragen

Bevor Sie damit beginnen, den Fragebogen auszufüllen, sollten Sie erst einmal alle Fragen durchgelesen haben. Beim Ausfüllen des Fragebogens ist es wichtig, dass Sie an den eingangs beschriebenen Versuchsablauf berücksichtigen. Bei der Beantwortung der Fragen sollen Sie sowohl ein Kreuz bei der dualen Antwortmöglichkeit (Ja/Nein) als auch ein Kreuz rechts auf der Skala 1 bis 6 setzen. Das Rating ist wie folgt zu interpretieren:

- 1 = sehr gut
- 2 = gut
- 3 = befriedigend

- 4 = ausreichend
- 5 = mangelhaft
- 6 = kritisch

Den Interviewer können Sie bereits beim Ausfüllen des Fragebogens, auf störende oder belastende Mängel der Software hinweisen.

Fragen zum IQ-Assessment Tool

(1) Finden Sie, dass das Tool zur Evaluierung von Risiken hilfreich ist?

		Beurteilung (Rating)
Ja	Nein	1 2 3 4 5 6
☐	☐	[ ][ ][ ][ ][ ][ ]

wenn "nein":

Bitte halten Sie Ihre Gründe stichwortartig fest.

_____

_____

(2) Glauben Sie, das sämtliche Risiken mit diesem Tool erfasst werden können?

		Beurteilung (Rating)
Ja	Nein	1 2 3 4 5 6
☐	☐	[ ][ ][ ][ ][ ][ ]

wenn "nein":

Bitte erläutern Sie kurz die Situation(en) in denen das Tool nicht nützlich sein kann.

_____

_____

(3) Finden Sie, dass das Tool besser als die bisher verwendeten Formulare/Formate ist?

Beurteilung (Rating)

Ja   Nein   1 2 3 4 5 6

☐   ☐   ☐☐☐☐☐☐☐

wenn ''nein'':

Benennen Sie die Tätigkeit(en), bei der das Tool nicht besser ist.

_____

_____

(4) Lässt sich durch dieses Tool der Aufwand bei der Risikoidentifikation signifikant reduzieren?

Beurteilung (Rating)

Ja   Nein   1 2 3 4 5 6

☐   ☐   ☐☐☐☐☐☐☐

wenn ''nein'':

Erläutern Sie die Stellen, an denen sich keine Aufwandsreduktion erzielen lässt.

_____

_____

(5) Würden Sie das Tool aufgrund der effizienten Vergleichbarkeit und Auswertbarkeit der Ergebnisse als Standard einführen wollen?

Beurteilung (Rating)

Ja   Nein   1 2 3 4 5 6

☐   ☐   ☐☐☐☐☐☐☐

wenn ''nein'':

Schildern Sie bitte, warum Sie dem nicht zustimmen.

_____

_____

(6) Glauben Sie, dass das Tool das Analysieren der Risiken effizienter macht? Beachten Sie bitte die Einarbeitungszeit in das Tool!

Beurteilung (Rating)

Ja   Nein   1 2 3 4 5 6

☐   ☐   [| | | | | |]

wenn ''nein'':

Beschreiben Sie die Situationen, in denen Sie gerne zügiger arbeiten würden.

_____

_____

(7) Denken Sie, dass sich durch das Tool Vorteile in Bezug auf einer einfachen Wiederholbarkeit der Befragungsergebnisse ergeben?

Beurteilung (Rating)

Ja   Nein   1 2 3 4 5 6

☐   ☐   [| | | | | |]

wenn ''nein'':

Skizzieren Sie Ihre kritischen Punkte (Nachteile).

_____

_____

(8) Glauben Sie, das Assessment-Teilnehmer Vorbehalte gegen eine Archivierung Ihrer Befragungsergebnisse haben?

Ja   Nein

☐   ☐

wenn ''Ja'':

Beschreiben Sie kurz, wie sich das auf die Befragungsergebnisse und die Flexibilität des Tools insgesamt auswirken könnte.

_____

_____

(9) Haben Sie Verbesserungsvorschläge für das IQ-Assessment Tool?

_____

_____

_____

_____

_____

(10) Glauben Sie, dass dieses Tool auch in anderen Banken respektive anderen Bereichen/Branchen der Wirtschaft Anwendung findet?

Beurteilung (Rating)

Ja   Nein   1 2 3 4 5 6

☐   ☐   ☐☐☐☐☐☐

wenn ''nein'':

Notieren Sie stichwortartig Ihre Bedenken.

_____

_____

_____

(11) Beschreiben Sie, welchen Mehrwert dieses Tool hinsichtlich operativer Tätigkeiten für Sie hat?

_____

_____

_____

_____

_____

_____

Abschließend können Sie weitere Kritik an dem IQ-Assessment Tool oder für die Probleme, die Sie bei der Beantwortung der vorangegangenen Fragen nicht losgeworden sind, festhalten.

_____

_____

_____

_____

_____

C.2 Ergebnisse der Befragung

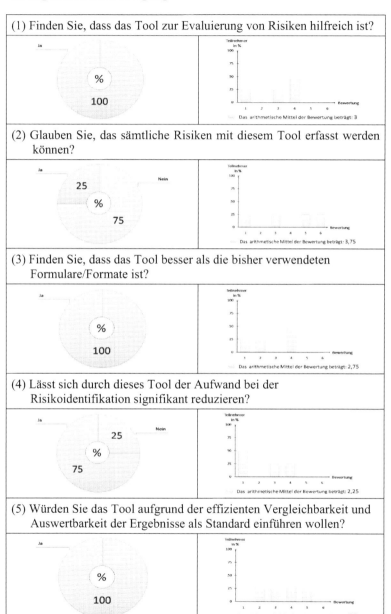

Tabelle C.1: Graphische Aufbereitung der Evaluierungsergebnisse (Teil 1)

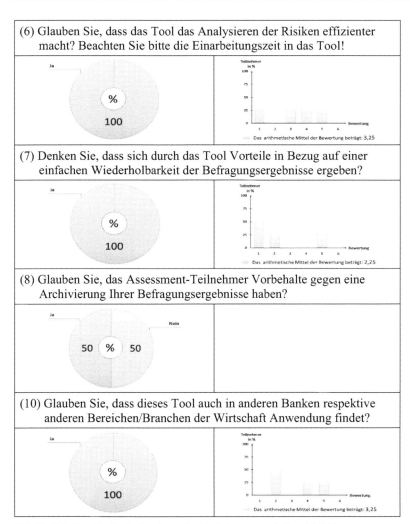

Tabelle C.2: Graphische Aufbereitung der Evaluierungsergebnisse (Teil 2)

Literaturverzeichnis

Al-Hakim, Latif: *Challenges of Managing Information Quality in Service Organizations*, IGI Publishing, USA U.K., 2007. – ISBN 1-59904-420-X

Al-Hakim, Latif: *Information Quality Management* – Theory and Applications, IGI Publishing, USA U.K., 2007. – ISBN 1-59904-024-7

Bank of International Settlements: *Basel II – Committee Publications*, http://www.bis.org/, abgerufen am 17.Juli 2007

Bodendorf, Freimut: *Daten- und Wissensmanagement*, 2.Auflage, Springer-Verlag, Berlin Heidelberg, 2005. – ISBN 3-540-28743-4

Brühwiler, Bruno: *Unternehmensweites Risk Management als Frühwarnsystem* Methoden und Prozesse für die Bewältigung von Geschäftsrisiken in integrierten Managementsystemen, Haupt-Verlag, Bern Stuttgart Wien, 2001. – ISBN 3-258-06404-0

DATech Deutsche Akkreditierungsstelle Technik GmbH: *DATech-Prüfhandbuch Gebrauchstauglichkeit* – Leitfaden für die ergonomische Evaluierung von Software auf Grundlage von DIN EN ISO 9241, Teile 10 und 11, Version 3.3, 2006

DeMarco, Tom: *Der Termin* – Ein Roman über Projektmanagement, Carl Hanser Verlag, München Wien, 1998. – ISBN 3-446-19432-0

DeMarco, Tom; Lister, Timothy R.: *Bärentango* – Mit Risikomanagement Projekte zum Erfolg führen, Carl Hanser Verlag, München Wien, 2003. – ISBN 3-446-22333-9

DIN Deutsches Institut für Normung e.V. (Hrsg.): *DIN 55350-11 – Begriffe zu Qualitätsmanagement und Statistik*, Beuth Verlag GmbH, Berlin, 1995

DIN Deutsches Institut für Normung e.V. (Hrsg.): *DIN 62198: 2002-09 – Risikomanagement für Projekte – Anwendungsleitfaden*, Beuth Verlag GmbH, Berlin, 2002

DIN Deutsches Institut für Normung e.V. (Hrsg.): *DIN EN ISO 8402: 1995 – Qualitätsmanagement*, Beuth Verlag GmbH, Berlin, 1995

Dippold, Ralf et al.: *Unternehmensweites Datenmanagement* – Von der Datenbankadministration bis zum Informationsmanagement, 4.Auflage, Vieweg Verlag, Braunschweig/Wiesbaden, 2005. – ISBN 3-528-35661-8

Duden (Hrsg.): *Duden – Das Große Fremdwörterbuch (Onlineversion)*, Duden-verlag, 2003

Duden (Hrsg.): *Duden – Deutsches Universalwörterbuch (Onlineversion)*, 5.Auflage, Dudenverlag, 2003

Duden (Hrsg.): *Duden – Fremdwörterbuch*, 7. neu bearbeitete und erweiterte Auf-lage (Band 5), Dudenverlag, 2001. – ISBN 3-411-04057-2

English, Larry P.: *Improving Data Warehouse and Business Information Quality*, Wiley, New York et al., 1999. – ISBN-10: 0-471-25383-9; ISBN-13: 978-0-471-25383-9

Ferber, Reginald: *Information Retrieval: Suchmodelle und das* Web, dpunkt.verlag GmbH, Heidelberg, 2003. – ISBN 3-89864-213-5

Garvin, David A.: *What does 'Product Quality' really mean?*, in: Sloan Management Review, S. 25-43, 1984

Gaulke, Markus: *Risikomanagement in IT-Projekten,* Oldenbourg Verlag, München, 2004. – ISBN 3-486-27599-2

Harrach, Hakim: *Postersession*, 5th German Information Quality Management Conference & Workshop der Deutschen Gesellschaft für Informations- und Datenqualität e.V., Bad Soden am Taunus , 21.-23.11.2007

Harrant, Horst; Hemmrich, Angela: *Risikomanagement in Projekten*, Carl Hanser Verlag, München Wien, 2004. – ISBN 3-446-22592-7

Hegner, Marcus: *Methoden zur Evaluation von Software.* In: IZ-Arbeitsbericht, Nr.29, 2003. – ISSN 1431-6943

Helfert,M.: *Proaktives Datenqualitätsmanagement in Data-Warehouse-Systemen –* Qualitätsplanung und Qualitätslenkung, Logos-Verlag, Berlin, 2002. – ISBN 3-89722-930-7

Hergert, Josef (Hrsg.); Kuhlen, Rainer (Hrsg.): *Pragmatische Aspekte beim Entwurf und Betrieb von* Informationssystemen, Universitätsverlag, Konstanz, 1990. – ISBN 3-87940-384-8

Hildebrand, Knut; Mielke, Michael; Gebauer, Marcus: *Daten- und Informations-qualität,* 1.Auflage, Vieweg Verlag, 2007. – ISBN-10: 3-83480-321-9; ISBN-13: 978-3-83480-321-4

Ibers, Tobias; Hey, Andreas: *Risikomanagement*, 1.Auflage, Merkur Verlag Rinteln, 2005. – ISBN 3-8120-0618-9

Imai,M.: *KAIZEN –* Der Schlüssel zum Erfolg der Japaner im Wettbewerb, 7.Auflage, Wirtschaftsverlag Langen Müller/Herbig, München, 2001. – ISBN 0-7506-7304-4

Internes Dokument: *Aufbau eines Kennzahlensystems für die Qualität der Informationen in zentralen IT-Systemen*, Folienpräsentation, Bank Frankfurt, 25.04.2007

Internes Dokument: *Datenverantwortung*, OE XXXX DQM, Folienpräsentation des KC, Bank Frankfurt

Internes Dokument: *Umsetzung des Rahmenkonzeptes Datenverantwortung in einer Bank*, OE XXXX DQM, Folienpräsentation des KC, Bank Frankfurt, 23.11.2006

Internes Dokument: *Vorgehen und Status DQ-Assessment*, Folienpräsentation eines Arbeitspapiers, Bank Frankfurt, 15.06.2007

Jalote, Pankaj: *CMM in Practice* – Processes for Executing Software Projects at Infosys, Addison-Wesley, Massachusetts, 1999. – ISBN 0-201-61626-2

Keitsch, Detlef: *Risikomanagement,* 2.überarbeitete und erweiterte Auflage, Schäffer-Poeschel Verlag, Stuttgart, 2004. – ISBN 3-7910-2295-4

Keitsch, Detlef: *Risikomanagement,* Schäffer-Poeschel Verlag, Stuttgart, 2000. – ISBN 3-7910-1681-4

Kneuper, Ralf: *CMMI* – Verbesserung von Softwareprozessen mit Capability Maturity Model Integration, dpunkt.verlag GmbH, Heidelberg, 2003. – ISBN 3-89864-185-6

Kostka,C.; Kostka,S.: *Der Kontinuierliche Verbesserungsprozess* – Methoden des KVP, 2.Auflage, Carl Hanser Verlag, München, 2002. – ISBN 3-446-21879-3

Krasniqi, Visar: *Umsetzung des IT-Risikomanagements bei Banken,* Master Thesis im Fach Informatik, Institut für Informatik, Universität Zürich, 2004

Lee, Yang W. et al.: *Journey to Data Quality*, MIT Press, Cambridge, 2006. – ISBN-10: 0-262-12287-1; ISBN-13: 978-0-262-12287-0

Lüssem, Jens: *Datenqualitätsmanagement*, Rheinische Friedrich-Wilhelms-Universität Bonn, Skriptum zur Vorlesung, Wintersemester 2006

Lüssem, Jens: *Projekt- und Testmanagement*, Rheinische Friedrich-Wilhelms-Universität Bonn, Skriptum zur Vorlesung, Sommersemester 2005

Marx, Christoph: *Risikomanagement für IT-Projekte* – Methoden und Werkzeuge, VDM-Verlag, Saarbrücken, 2006. – ISBN-10: 3-86550-364-0; ISBN-10: 978-3-86550-364-0

Neumann, Andreas: *ISO 9000 in der Praxis* – Eine Kosten-Nutzen-Analyse zertifizierter Qualitätsmanagementsysteme am Beispiel kleinerer und mittelständischer Betriebe, Shaker Verlag, Aachen, 2000. – ISBN 3-8265-5950-9

Pfeifer, Tilo: *Qualitätsmanagement* – Strategien, Methoden, Techniken, 2.,vollst. überarb. und erw. Aufl., Carl Hanser Verlag, München Wien, 1996. – ISBN 3-446-18579-8

Prechelt, Lutz: *Softwareprozeß-Verbesserung* – Das Capability Maturity Model (CMM), FU Berlin, 13.04.1999, http://page.mi.fu-berlin.de/~prechelt/-swt2/node41.html, abgerufen am 10.Juli 2007

Romeike, Frank; Finke, Robert B. (Hrsg.): *Erfolgsfaktor Risiko-Management* – Chance für Industrie und Handel Methoden, Beispiel, Checklisten, Gabler-Verlag, Wiesbaden, 2003. – ISBN 3-409-12200-1

Schmitz, Thorsten; Wehrheim, Michael: *Risikomanagement* – Grundlagen Theorie Praxis, Kohlhammer-Verlag, Stuttgart, 2006. – ISBN-10: 3-17-019330-9; ISBN-13: 978-3-17-019330-7

Schnorrenberg, Uwe; Goebels, Gabriele: *Risikomanagement in Projekten* – Methoden und ihre praktische Anwendung, Vieweg Verlag, 1997. – ISBN 3-528-05350-X

Seibold, Holger: *IT-Risikomanagement*, Oldenbourg Verlag, München, 2006. – ISBN 3-486-58009-4; ISBN 978-3-486-58009-9

Software Engineering Institute: *Capability Maturity Model for Software,* Carnegie Mellon, http://www.sei.cmu.edu/cmm/, abgerufen am 12.Juli 2007

Streese, Daniel: *Risikomanagement-Regelkreis,* http://www.braunschweig-2003. werner-knoben.de/doku/node7.html, abgerufen am 30.Juli 2007

Wallmüller, Ernest: *Risikomanagement für IT- und Software-Projekte* – Ein Leitfaden für die Umsetzung in der Praxis, Carl Hanser Verlag, München Wien, 2004. – ISBN 3-446-22430-0

Wallmüller, Ernest: *Software-Qualitätsmanagement in der Praxis* – Software-Qualität durch Führung und Verbesserung von Software-Prozessen, Carl Hanser Verlag, München Wien, 2001. – ISBN 3-446-21367-8

Wikipedia: *Capability Maturity Model,* Die freie Enzyklopädie, http://de.wikipedia. org/wiki/Capability_Maturity_Model, abgerufen am 10.Juli 2007

Wikipedia: *Data Quality Act*, Die freie Enzyklopädie, http://en.wikipedia.org/wiki /Data_Quality_Act, abgerufen am 4.Juli 2007

Wikipedia: *Data Quality*, Die freie Enzyklopädie, http://en.wikipedia.org/wiki/ Data_quality, abgerufen am 15.August 2007

Würthele, Volker: *Datenqualitätsmetrik für Informationsprozesse* – Datenqualitätsmanagement mittels ganzheitlicher Messung der Datenqualität, Disser-
tation der ETH Nr. 15242, Department of Computer Science,
Eidgenössische Technische Hochschule Zürich, Zürich 2003.
– ISBN 3-8334-0345-4

Index

Ausgezeichnete Arbeiten zur Informationsqualität

Herausgeber: Dr. Marcus Gebauer / Rüdiger Giebichenstein

Sasa Baskarada
**IQM-CMM: Information Quality Management
Capability Maturity Model**
2010. 348 pp., Softc. EUR 49,90
ISBN 978-3-8348-0985-8

Hakim Harrach
Risiko-Assessments für Datenqualität
Konzept und Realisierung
2010. XXIV, 150 S., 38 Abb., 5 Tab., Br. EUR 49,95
ISBN 978-3-8348-1344-2

Jan Hegewald
Informationsintegration in Biodatenbanken
Automatisches Finden von Abhängigkeiten zwischen Datenquellen
2009. X, 102 S., 18 Abb., 6 Tab., Br. EUR 29,90
ISBN 978-3-8348-0731-1

Steven Helmis | Robert Hollmann
Webbasierte Datenintegration
Ansätze zur Messung und Sicherung der Informationsqualität in heterogenen Daten-
beständen unter Verwendung eines vollständig webbasierten Werkzeuges
2009. XXII, 197 S., 67 Abb., 32 Tab., Br. EUR 49,90
ISBN 978-3-8348-0723-6

**VIEWEG+
TEUBNER**
Abraham-Lincoln-Straße 46
65189 Wiesbaden
Fax 0611.7878-400
www.viewegteubner.de

Stand April 2010.
Änderungen vorbehalten.
Erhältlich im Buchhandel oder im Verlag.